腰瘦好吃 夏限定

台灣文化偵探曹銘宗，帶你吃遍當季好食！

Goddamned Good!

曹銘宗
著

自序

《腰瘦好吃》是我意外的新書，其文字、圖片全部來自我的臉書，由貓頭鷹出版社負責取材編輯，我只管領版稅就好。

天下竟有這等好事？我的臉書有那麼多內容嗎？

我曾是報社記者，主跑歷史、文化，平時喜歡買菜、煮飯。十多年前，我離開報社後，自稱「基隆年輕耆老」，從事台灣文史寫作，也因沒有正式職業而成為專業的「買菜煮飯工作者」。

然而，我的記者魂仍在，我開始以iPhone採訪報導，把臉書當成自媒體，幾乎天天發稿，其中有大量的飲食相關文章。

我有很多關於美食的文章，常以「腰瘦好吃」結語。後來，如果我忘了寫，馬上會有臉友留言提醒或質問。結果，這句話幾乎成了我的代名詞，所以很自然成為書名。

「腰瘦好吃」之名的由來及演變，常有人問我，我在此說清楚講明白。

問題1：「腰瘦好吃」的「腰瘦」是台語「夭壽」嗎？

答：台語有「夭壽好食」（iáu-siū hó-tsiáh）的用法，形容非常好吃。

「夭壽」在華語的本意是短命，台語也是，但多了副詞和感嘆詞的用法。台語「夭壽」作為副詞可引申非常，例如：「夭壽甜」、「夭壽好食」；作為感嘆詞則有驚訝、糟糕的意思，例如：「夭壽喔」。

這種用法如同英語的 damn，從 goddamned 和 goddamn 而來，本意是詛咒，華語的對應詞是天殺的、該死的。但英語的 damn 也有副詞和感嘆詞的用法，damn good 就是 very good，damn delicious 就是非常好吃，damn! 則是該死、糟透了的感嘆。

事實上，「腰瘦好吃」是受到台語「夭壽好食」影響而產生的「台灣華語」，把台語「夭壽」以華語念之，其發音與「腰瘦」相同，如此就變成「非常好吃」加「吃了腰瘦」的雙關語。

食物如果很好吃又吃不胖（腰瘦），那就太完美了。

問題2：為什麼你又說「腰瘦好吃」是咒語呢？

答：我是希望「腰瘦好吃」能夠變成咒語，以腦電波影響身體不要吸收多餘的熱量，產生「腰瘦」的效果。

這幾年來，這句咒語雖然證明效果不大，卻產生讓人吃得安心的作用。

問題3：為什麼你都說「腰瘦好吃」，沒有不好吃的嗎？

答：當然有不好吃的食物，但我就不會寫在臉書，我寫出來的都是「腰瘦好吃」。

我不是美食家，《腰瘦好吃》一書其實是我日常買菜煮飯的經驗，以及研究飲食文化的心得，當然也包含了我的飲食觀。

一般談美食都說色香味，但人類對飲食的感受不止於此，所以我常用佛法來詮釋：這是「六根」（眼耳鼻舌身意）感受「六塵」（色聲香味觸法）的「全方位感受」。我們的美食記憶，除了食物本身的色香味，還有人情、場域、土地、懷舊、鄉愁等，所以教人刻骨銘心、終身難忘。

台灣近年出現源自日本流行詞彙的「B級美食」，指平價又有地域性的庶民美食。我認為，雖然美食因價格、用餐環境、服務品質而有A級B級之分，但對美味的感受卻無法對比高下，A級美食無法取代B級美食，B級美食有其獨特的美味。因此，我對用心經營、平價好吃的飲食攤店心存敬意，他們讓庶民花小錢吃飯也能心滿意足，平衡了飲食社會的貧富差距。

此外，以飲食守護土地及環境、追求永續發展的「生態飲食」，也成為我的理念。我除了經常應邀有關食農、食魚教育的演講，還與「生態廚師」合作設計結合歷史、文化、生態、廚藝的饗宴。

這十年來，我在臉書示範的簡單煮食，也都收集在《腰瘦好吃》一書，我希望可以帶動煮食風氣，促進國泰民安、世界和平。

飲食，一言以蔽之，日：「腰瘦好吃！」

目次

這是我在馬來西亞 kopitiam OLD TOWN 喝過的白咖啡，夭壽甜！
Damn sweet!

吃飯也要講古——夏季美食名小考

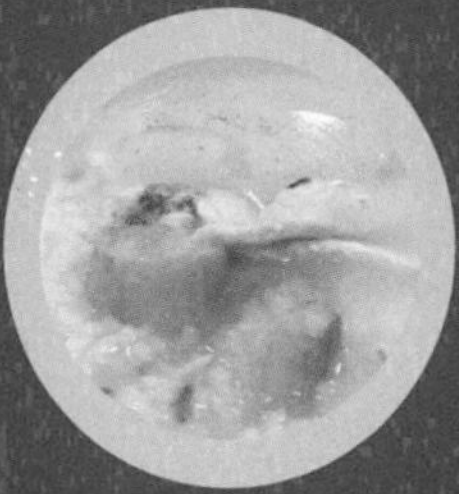

四神湯

四神湯在台灣算是常見的小吃，但一般人只吃不問是哪四種「神」？只有少數人知道台語「神」與「臣」發音一樣都是sîn，「四神」應該是「四臣」，就是中醫的四種中藥材，具有「補益脾陰，厚實腸胃」的功效。

為了解答四神湯的問題，我來到基隆廟口的老攤（仁三路與愛四路交口），吃了一碗四神湯，結果真夭壽，順口又吃了一個大刈包……

根據《黃帝內經》中醫藥處方「君臣佐使」的原則，「君藥」是主要治療，「臣藥」是輔助或兼病治療，「佐藥」是減緩君藥和臣藥的毒性和烈性，「使藥」則是藥引（引藥以達病處）。不過，一般處方並非君、臣、佐、使具備，每種藥材也非單一功能。

中醫的「四君子」是人參、白朮、茯苓、甘草四種藥材的合稱，「四臣」則指淮山、芡實、蓮子、茯苓。在中文辭典，中國《漢典》只有「四君子」，而台灣教育部國語辭典則有「四君子」、「四臣」。

在台灣所稱的「四神」，我們現在已經知道是「四臣」的誤寫，而且這個錯誤從日本時代就開始了。台灣的清代文獻沒有「四臣」、「四神」，但日本時代的《臺日大辭典》就有「四神」詞條，指茯苓、淮山、芡實、蓮子四種漢藥，可磨「四神粉」、做「四神糕」、煮「四神茶」。以此來看，「四神湯」可能是日本時代較晚或戰後才有。

四神湯中為什麼大都用豬肚或豬腸與「四臣」中藥材合煮？這可能與中藥的「藥引」觀念有關，因為豬肚入脾胃、豬腸入腸（豬肝入肝、豬腎入腎等類推），而吃四神湯可以開脾健胃。

然而，當四神湯從食補轉為小吃，基於藥味太重、價格較貴的考量，「四臣」被換成或加入了大量到不成比例的薏仁，並使用豬腸而少見豬肚。哈！自己在家裡依藥方煮，就不必吃山寨版。

談到對食物名稱的誤寫，坊間常見的「九尾雞」也是一例，因為台語「九」與「狗」發音一樣都是káu，正確名稱是「狗尾雞」。

當然，狗尾雞不是狗尾燉雞湯，狗

尾指「狗尾草」，就是一種長得像狗尾的植物。

狗尾草長得很像小米，其實兩者也是植物界的兄弟，同是禾本科狗尾草屬，但不同種，前者是「狗尾草種」，後者是「小米種」。

在台灣清代的文獻中，「狗尾黍」、「狗尾粟」指的就是小米。在日本時代的《臺日大辭典》，則收錄了「狗尾黍」與「狗尾草」兩個不同的詞條。

台灣民間傳統常以狗尾草加人參、枸杞來燉雞湯，可助兒童驅蟲，在食補上也有開脾健胃、滋血補氣的功效。

蜜芒果

台南親家寄來自種、不噴農藥的芒果，說叫「台農一號」，因宅配需要時間，無法寄在欉黃，只能摘八、九分熟的。

我昨天收到，一打開就聞到濃郁果香，看來再放一天即可完熟。

我在市場所見芒果不過數種，主要是十七世紀荷蘭人引進的「土芒果」、一九五四年自美國佛羅里達州引進的「愛文芒果」（Irwin），以及一九六六年高雄果農黃金煌培育成功的「金煌芒果」，都非常好吃。

查一下資料，其實台灣芒果有十多種。台農一號芒果是台灣自一九六九年育種，一九八五年正式命名，因栽種面積不大，故市場少見。

台農一號芒果大小介於土芒果及愛文芒果之間，果皮黃，香味重，而且纖維少，尤其甜度平均高達二十（愛文約十四），俗稱「香水芒果」、「蜜芒果」。

我剛才試吃，這不是「夭壽甜」，應該叫「夭壽骨甜」，甜到骨子裡了。可惜我刀功不佳，刀不利兮皮不斷，最後只好用剝的。

芒果原產於印度，在兩千多年前就傳到東南亞。芒果早年印度梵文名字的發音 āmra，在中國佛經中可以找到漢字音譯的「菴羅」、「菴摩羅」、「菴婆羅」、「菴沒羅」等。

目前全世界大都跟隨英文而稱芒果為 mango，而 mango 可能源自印度南方的泰米爾語（Tamil），這種語言現在還通行於東南亞的新加坡、馬來西亞。

芒果的台語叫「檨」（suāinn）、「檨仔」，多年來我一直找不到確認的語源，目前只知中國閩南語系的漳州、泉州、潮州語發音差不多，並找到發音接近的越南語 Xoài、柬埔寨高棉語 Svay。

「檨」這個字從何而來？一般也都說在台灣創造出來的。日本時代台灣文人連橫在《雅言》書中說：「台灣之檨字，番語也，不見字典，故舊誌亦作番蒜，終不如檨字之佳。」

我們或可推測，當年在為 suāinn 這個音造字時，以發音相近的「羨」（siān，suān）字，加「木」字邊（芒果樹很大），就成了「檨」字；另有人用「蒜」

（suàn）字，但後來以「檨」字通行。

根據清代的台灣文獻，芒果最早產自台灣，稱之「檨」或「番檨」。清康熙五十八年（一七一九年），福建巡撫呂猶龍曾將台灣「番檨」進貢給康熙皇帝，還寫了奏摺介紹一番。結果康熙皇帝大概沒有試吃，就批示說，因從未見過「番檨」，所以要看看，「今已覽過，乃無用之物，再不必進。」

然而，台灣在清代時，芒果就是重要的水果，很多有錢人都會在家裡種棵芒果樹，台灣也有不少「檨仔林」、「檨仔腳」的地名，當時種植芒果還要繳稅，結果皇帝竟然看不上眼。

今天全世界最愛芒果的大概是日本人，但日本因氣候關係只在宮崎、鹿兒島、沖繩少量溫室栽培愛文芒果，價格超貴。因此，每年夏天日本人來台灣的誘因之一就是芒果、芒果冰。台灣賣相最好、最大最甜的愛文芒果，大量銷往日本，SOGO等公司代台灣人冷藏寄送日本，一顆約三百元。這一兩年，台灣愛文芒果也打進部分日本超市，一顆約兩百元。

百香果

友人夫婦來訪，送我百香果。我剛才切開試吃，酸甜比例美好有如龐德女郎身材，所以我直接吃了一＋二個，不必再煮糖水做百香果汁了。

台灣的百香果，大都產於南投縣埔里鎮，夏季是盛產期，腰瘦好吃，大家趕快去買吧！

年輕人考我老人家百香果台語怎麼講？我回說

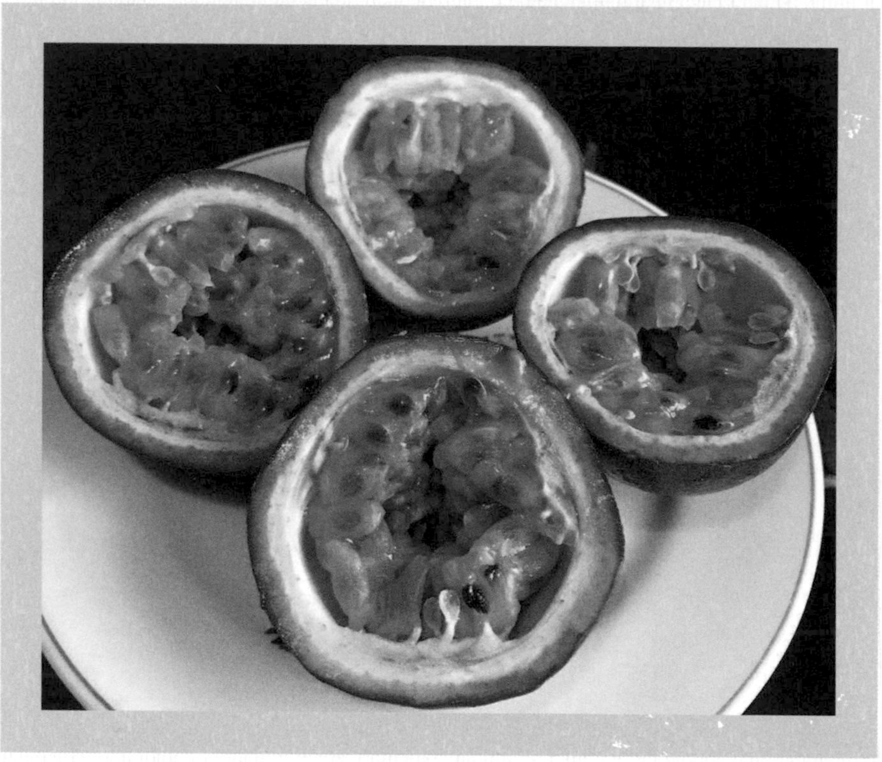

「時計果」，在此寫一篇專文完整說明：

百香果原產於南美洲的巴西、巴拉圭、阿根廷北部，在台灣中南部也很容易栽種。百香果的「百香」之名，很多人都以為來自香氣，其實是英語 Passion fruit 的翻譯，在台灣音譯為「百香果」，在中國大陸和香港也有意譯為「熱情果」。

百香果在植物學上屬西番蓮屬，在中國大陸一般稱之西番蓮，以其外來植物、花朵盛開有如蓮花而得名，但在「蓮」之前連加「番」和「西」以顯示外來種，卻很少見。

台灣早在日本時代就引進百香果，當時台語稱為「時錶仔花」、「時計果」、「時鐘果」、「時鐘瓜」等，都是源自日文「時計草」。日本人看百香果花朵的花萼及花瓣，有如鐘錶的面板，所以稱之「果物時計草」，簡稱「時計草」。

另外，台語也依百香果的果實而有不同

稱呼，包括以百香果長得像雞蛋，稱之「雞卵果」；以百香果切開看到很多種子，有如木瓜，稱之「番仔木瓜」；以百香果的皺皮小球形狀，戲稱「牛羼脬」（gû-lān-pha，牛的陰囊）等等。

根據王禮陽《台灣果菜誌》（一九九四年）的說法，百香果的「百香」是在台灣命名的。一九六〇年，台灣鳳梨公司率先推出果汁類飲料，其中有一種「西番蓮汁」，但覺得名字不太好聽，最後決定音譯英文 Passion fruit 而稱之「百香果汁」。此後，「百香果」之名定於一尊。

＊百香果最早是由西班牙人從南美洲引進歐洲，英文 Passion fruit 源自拉丁文學名 *Passiflora*，由當年西班牙在南美洲的傳教士所命名，但 *Passiflora* 的意思並不是熱情，而是耶穌受難之花。

原來，當年西班牙傳教士看到百香果花朵，就把這種花的特別構造，解釋為十字架、荊棘、釘子、傷痕、血跡等耶穌受難的象徵，並以此說明來幫助傳教，希望把原住民轉變為基督徒。

虱目魚

基隆人，像我這麼愛吃虱目魚的，真的很少。

基隆很少見虱目魚專賣店，我跟老闆談了一下，魚來自台南。我點了一碗虱目魚粥（五十元）、一份煎魚肚（一百零五元），腰瘦好吃。

虱目魚粥的部位是魚柳，魚柳是魚脊椎兩側無刺的肉，一尾魚只有兩條魚柳。很多人不知道，虱目魚粥加的不是蔥酥，而是蒜頭酥，如果自己在家裡煮，真的要放對。芹菜珠加蒜頭酥，虱目魚粥必備。

這家虱目魚煎赤赤的功力強大，而且這種尺寸的魚最好吃。現在市場的虱目魚比以前肥大，為什麼呢？早年是淺坪式養殖，魚吃池底的藻類並餵飼料，體型較小；後來發展深水式養殖，完全靠餵飼料，養殖密度高、期間長，體型相對肥大。

我在家吃虱目魚，都買整尾的，可煎可煮。有人怕刺，但我覺得一邊吃一邊挑刺，最有滋味。

早年基隆近海漁獲多，魚新鮮又便宜，基隆人可以選擇的魚太多，輪不到養殖有土味還有細刺的虱目魚，也很難理解台南人吃虱目魚的文化。但虱目魚真的好吃，尤其魚肚更是一絕。

今天來看，虱目魚可說是上帝的禮物。虱目魚（*Chanos chanos*）分布於太平洋、印度洋熱帶、亞熱帶的海域，可以生長在海水、半鹹水、淡水。虱目魚沒有牙齒，主要以水中的藻類、無脊椎動物為食，所以有人稱之「海草魚」，很適合在海岸建造魚池養殖。

根據聯合國世界糧農組織（UNFAO）的資料，全世界最早養殖虱目魚的紀錄，在十五世紀之前印尼爪哇島的東部，之後再傳到菲律賓、台灣。

菲律賓養殖虱目魚也是歷史悠久，因養殖興盛、食用人口眾多，還把虱目魚定為「國魚」。

台灣原住民與菲律賓人、印尼人同屬南島語族，所以台灣也可能在荷蘭人統治之前就有虱目魚養殖。

台灣虱目魚養殖愈來愈進步，肉嫩而少土味，我認識的印尼移工和配偶，都大讚台灣虱目魚便宜好吃。

從海洋保育來說，民眾應該選擇食用符合生態保育、永續利用原則的海鮮，以幫助台灣海洋保育，確保「年年有魚」，而養殖虱目魚是被「建議食用」的魚類之一。

近年來，已有海洋生物學家認為，人類可能在二十一世紀中葉就面臨海洋漁源枯竭。因此，台灣擁有全球最大規模的虱目魚養殖業，未來將在漁源上扮演更重要的角色。

金包里番薯

小七有些店有賣現蒸地瓜，我買了小小一個三十五元，覺得不錯吃，就決定自己買番薯來蒸。

今早走路在大沙灣菜市場看到「金包里」番薯，一斤二十五元，我挑了不小的四個，一共也才三十五元。

蒸好試吃，灰熊腰瘦好吃，我連皮拆食落腹（thiah-tsia̍h-lo̍h-pak）。

金包里是金山舊名，近十多年來以生產番薯著稱，但掛名金山番薯未必產自金山。

其實基隆大沙灣以前也叫金包里。根據翁佳音（前中研院台史所副研究員）研究，西荷時代

北台灣的原住民馬賽族，從基隆到金山有個大社群叫 Kimpauri（或寫作 Kimauri），此一原住民語的中文音譯金包里。這個社群的主力最早在基隆和平島對岸的大沙灣，以及基隆老市區一帶，但清代以後逐漸往金山遷移。

魚麵

基隆信義市場有人擺攤賣「魚麵」，看來是手工製造，我因趕時間沒有細問，不知攤主是不是基隆的馬祖移民？聽說馬祖魚麵很有名。

台灣有一家甘泉魚麵連鎖店，但賣二十多種各式肉類和海產的麵，雖然招牌是魚麵，但未說明魚麵由來，麵

上還放了四片魚肉，讓人誤解。

其實，魚麵不是魚湯麵、魚肉麵，而是魚肉打泥與少許麵粉混合做成的麵條。

就像「魚餃」並不是包魚肉，而是以魚肉打泥與少許麵粉混合做成的餃皮，包的是豬肉餡。

基隆仁愛市場的「三記魚餃」老店，由戰後的汕頭移民經營，餃皮使用海鰻魚漿製成，灰熊腰瘦好吃。

鮭魚

這次買的厚切挪威鮭魚，有一斤多重，我準備解凍來吃時，看到北京全面下架鮭魚的新聞，原來是抽檢發現切割鮭魚的砧板含有新冠病毒，疾控專家建議暫時不要吃生鮭魚。

我當然照吃不誤，把長條魚肚部位切下來炒飯，然後煎赤赤，都是腰瘦好吃。

我沒煎過這麼厚的魚片，卻也能煎到兩面焦香、中心軟嫩，期間火候的觀察與調整，需要天分、經驗，尤其是用心。

鮭魚（英文 salmon）的「鮭」字，在中國本來指河魨（河豚），應該是取「脏」字的「圭」，「脏」有大腹之意，台語稱人肚子太大為「大肚

胜」（tuā-tōo-kui）。中國古文獻描述的「鮭」（或寫成同音的鯢），「以物觸之，即嗔，腹如氣球。」東漢王充《論衡》的言毒篇：「天下萬物……皆有毒螫，毒螫渥者，在蟲則為蝮蛇、蜂、蠆……在魚則為鮭……故人食鮭肝而死。」

但日本卻借用漢字「鮭」來指北海道漁場盛產叫サケ（sake）的魚，「圭」是玉器，以「魚」加「圭」來形容此魚長得端正好看。

在台灣清代文獻，「鮭」（台語音 kê/kuê）則指鹽漬的海產，例如「醃魚為鮭」、「可醃作鮭」，種類則有魚鮭、蠔鮭、蚼鮭、鰮鮭、珠螺鮭、竹蟶鮭、鎖管鮭等。這種稱之為「鮭」的醃魚方法，在中國東南沿海自古有之。

台灣古文獻的「鮭」字，目前教育部《臺灣閩南語常用詞辭典》的用字是「膎」，主要是根據東漢《說文解字》：「膎，脯也。」清《說文解字注》：「膎，俗作鮭。」

烏格仔・烏骨仔

今天的居家防疫餐是兩種台語「烏」字頭的食物，「烏格仔」與「烏骨仔」，腰瘦好吃。

烏格仔（oo-keh-á）：黑鯛，基隆市魚。

「烏格」的正字是「烏頰」。根據清代《臺灣府志》：「烏頰形似過臘而小。」《興化府志》：「似棘鬣魚，但其頰烏，故名。」「過臘」、「棘鬣」指「嘉鱲」，這種魚比嘉鱲小，其「頰」（臉部兩側面）黑，就是說臉頰是黑的，故名「烏頰」。

「頰」（泉州音 khih）與「格」（白讀 keh）諧音，所以「烏頰」被簡寫或誤寫為「烏格」。

「頰」（漳州音 koeh），所以「烏頰」在基隆漳州音念成 oo-koeh，被寫成「烏鱠」。

烏骨仔（oo-kut-á）：源自日文オクラ（okura），日文漢字「秋葵」。

日文オクラ源自英語 **okra**，又源自西非奈及利亞語 **okuru**。這種植物原產西非。中文俗稱「羊角豆」，但台灣從清代、日本時代到今天，台語的「羊角豆」(**iûnn-kak-tāu**) 被歸為藥類，指可明目的「決明子」。

鰤

假日振興經濟人人有責，路過崁仔頂街一家「舶食」，看似平價日本料理，進來考察一下。

請服務小姐推薦，她說烤鰤魚下巴，平常三百五十元，今天二百五十元。我雖然不是二百五，但聽她說話誠懇，就點來試吃。

我在一般日式燒烤店吃過烤紅甘、鮭魚、鱈魚下巴，今天就來吃鰤魚下巴。日本的「鰤」，以油脂多而鮮美著稱，在台灣並不常見。

哇！非常新鮮，肉有油脂而細膩，腰瘦好吃。我特別去問師傅，崁仔頂漁市買的嗎？他說整尾從日本空運進口。

鰺科（Carangidae）鰤屬（*Seriola*）的魚，在台灣常見的是「紅甘」，在日本叫「間八」。日本海域的「鰤」（ブリ，buri，英文名 Japanese amberjack），以及台灣北方海域冬季偶爾捕獲的「平政」（平鰤，ヒラマサ，hiramasa，英文名 Yellowtail amberjack），台灣俗稱「青甘」，在日本屬高級魚種。

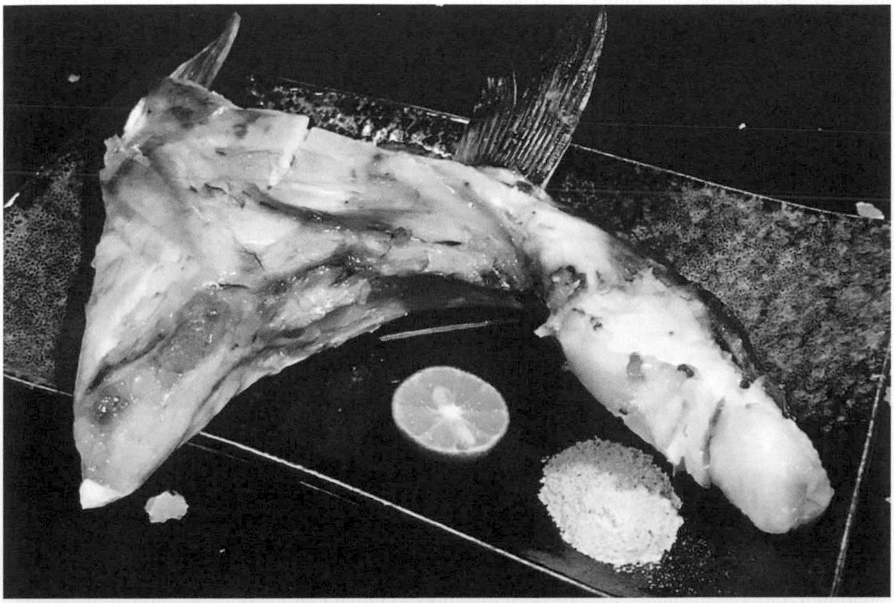

日本為什麼借用漢字「鰤」為魚名？在中文，《康熙字典》引宋《集韻》指「鰤」是老魚。在日文，「鰤」字由來不同說法，常見「出世魚」說法，日文「出世」有晉升之意，或類似中文稱學徒學藝期滿為「出師」，此魚歷經困難成長過程才能長大晉升為「鰤」，成為著名的出世魚之一。另說日文稱十二月為「師走」（しわす），此魚乃冬季之魚；在日本，「鰤」在成長階段有不同的名字（在關東ワカシ→イナダ→ワラサ→ブリ），價格也隨著上升，長到一公尺以上的成魚才能稱為「鰤」。冬季的「寒鰤」（カンブリ，kanburi），更被視為上品的「旬の魚」。

日本已發展鰤魚養殖，在兩年內就可長成上市，雖然有損「師」名，但味道也很好。台灣從日本進口的，應該是養殖鰤魚吧！

章魚乾

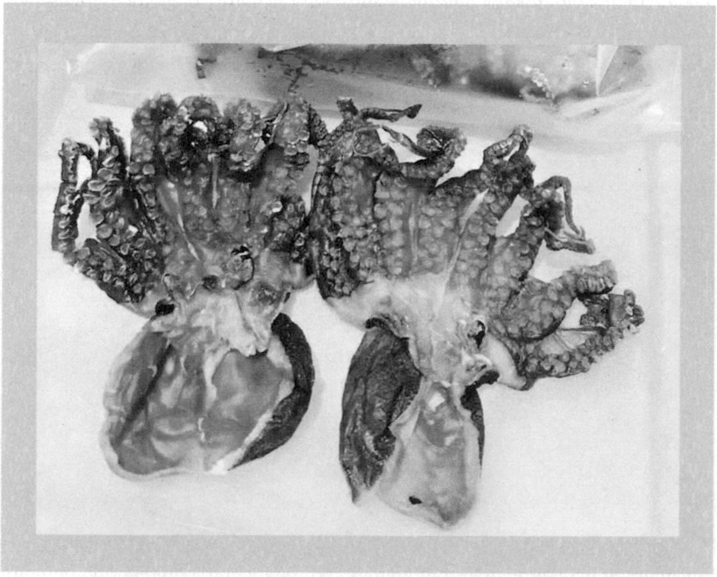

居家防疫，收到朋友宅配來的澎湖「鮎鮔干」。

久聞章魚乾滷三層肉是絕配，我試煮即成，果然腰瘦好吃，我配了三碗白飯才勉強鎮住。

我第一次吃章魚乾，比之魷魚乾，似較Q而風味不同。

章魚的台語怎麼講？很多人說tako。不對！那是日語タコ（tako），日文漢字「鮹」、「蛸」。在日文，「蛸」本來指蜘蛛，日本人看到章魚跟蜘蛛一樣八隻腳，有如海裡的

「蛸」，後來再改成「魚」字旁就變成「鮹」了。

章魚的台語叫tsiòh-kī/kū，漢字有很多寫法，包括石拒、石距、石矩、石鮔、石巨、石磯、石舉、石居、石鋸、石固、石舅等，「鮖鮔」是我看過的新寫法。

清代台灣方志較常用的是「石拒」，並解釋：「居石穴中，人取之，能以腳粘石拒人」，「人捕之能以足抱石拒人」。

唐代韓愈貶為潮州刺史，他是河南人，在潮州初見各種奇形怪狀的海產，稱章魚為「章舉」，後來也有「章拒」的寫法。

如何解釋「章舉」？《重修福建臺灣府志》（一七四一年）：「章魚，即韓昌黎所謂章舉。其身圓，其首八腳縮聚，當中有口，腳上有竅如臼，歷歷成章……行者手足向下、身向上高舉而疾逝。」

但我認為，潮州語屬閩南語系，「石拒」、「章舉」諧音，如果無法從漢字解釋命名由來，也有可能是早年閩南沿海地區的原住民語。

水梨

台南親家經常寄來自種蔬果，昨天還請友人台中東勢「梨博土池家大梨」，寄來友善農法、農藥殘留零檢出的黃金梨（右）、秋蜜梨（左），在此感恩致謝。

梨博「土」沒有寫錯，我搜尋一下，池爸接受媒體訪問時說，如果說「博士」讀書，「博土」就是向土地學習。

水梨是原產於東亞的溫帶水果，台灣進口的日本、韓國水梨，外表高貴、價格昂貴，一般都送禮

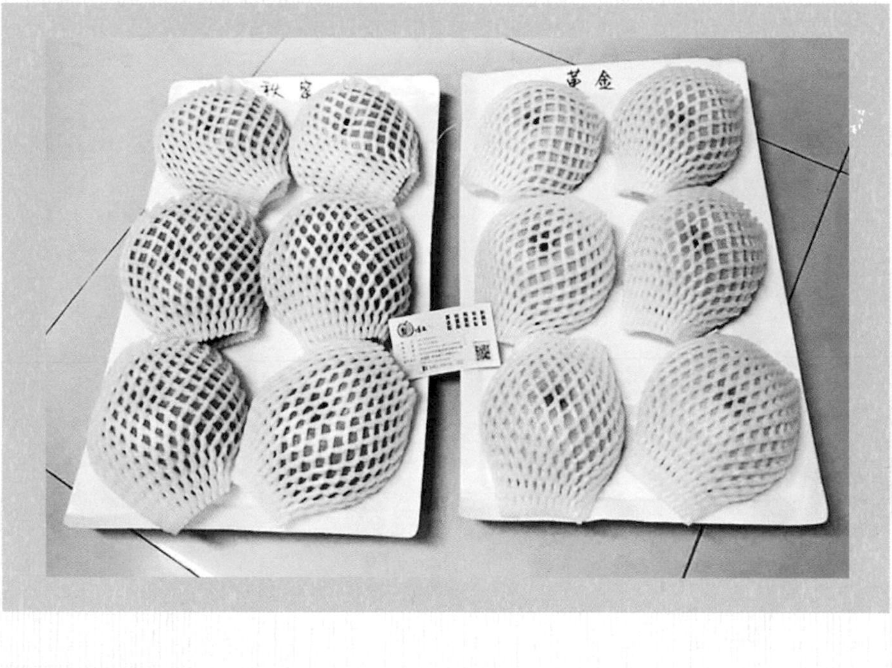

用，所以常會放太久才吃，只能說可惜了！

台灣果農發明「高接法」（指部位），把高海拔水梨樹的花穗枝條，嫁接在低海拔不同品種的梨樹上，可長出高海拔又大又甜的水梨，例如宜蘭三星的上將梨、台中東勢的黃金梨。

近年來，我有幸吃過上將梨、黃金梨，以及像手球大的甘露梨，雖然果肉比日韓水梨稍粗，但甜度不輸，而且新鮮，所以比冷藏的日韓水梨好吃。

剛才試吃池家二梨，黃金梨稍小而肉細白，夭壽甜！秋蜜梨則更大而肉偏黃，但甜度爆表，可說是我吃過最甜的水梨，夭壽骨甜！

龍膽石斑

多年前就知道台灣養殖「龍膽石斑」很成功，但一直沒機會品嘗，反而近年吃到了龍膽石斑的兒子「龍虎斑」。

前幾天偶然吃到龍膽石斑，其皮下膠質之厚，讓人驚嘆，來不及講腰瘦好吃就吞下肚了。

龍膽石斑是最大型石斑，老虎斑是最美味石斑，馬來西亞沙巴大學將之雜交成功，取父母各一字稱之龍虎斑，成長快但體型小。

照道理說，龍虎斑像公驢母馬

所生的騾子一樣不能繁殖，但永遠要記得恐龍電影《侏羅紀公園》的名言：「生命會自找出路。」(Life will find its way out.)

我看過有人在基隆海邊放生龍虎斑，此魚凶猛食量大，已威脅其他海洋生物，在港內常釣到。放生的龍虎斑也可能自然繁殖，恐造成生態浩劫。

回歸主題，龍膽石斑無關有沒有膽，香港人稱大石斑為「龍躉」，「躉(ㄉㄨㄣˇ)」粵語的音dán，因與「膽」諧音，被誤寫或簡化為「龍膽」。

「躉」在華語指整批購入或販售，在台語、客語則有囤積的意思。

「躉」在粵語常指臀部，「躉大」就是屁股大，但不知為何稱大石斑為「龍躉」？「龍躉」也被用來戲稱屁股大的人。

佛手瓜·香櫞瓜

夏季瓜類大出，佛手瓜兩粒三十元，削皮有耐心，清炒後再燜，清甜滋味，腰瘦好吃。

佛手瓜的台語又叫「香櫞瓜」（hiunn-înn-kue/hiunn-iân-kue），也簡稱「香瓜仔」。「香櫞」之名從何而來？

依中文辭書，「櫞（ㄩㄢˊ）」似橘，出交趾，結實大而香，亦名香櫞、枸櫞。以此來看，柑橘屬的「櫞」可能源自越南語，東漢《說文解字》無此字。

佛手柑是香櫞的變種，以形如人之指、拳得名，後來兩者常被混用。在台灣清代文獻，香櫞、佛手柑指不同的植物。

葫蘆科的佛手瓜原產中南美洲，二十世紀以後才傳來東亞，長橢圓形的果實上有淺縱溝，以形似佛手得名。

在台語，可能因香櫞、佛手柑混用，日本時代的《臺日大辭典》指佛手瓜也稱香櫞（圓）瓜。

龍鬚菜是佛手瓜的嫩莖，台語稱之「香瓜仔鬚」、「香瓜仔心」。

蘭姆酒

基隆廟口現榨甘蔗汁，腰瘦好咻！

蘭姆酒最早是用煉糖剩餘糖渣「糖蜜」做的蒸餾酒，後來也用甘蔗汁製造高級蘭姆酒。

台灣曾是糖業王國，從荷蘭時代就開始產糖，也有很多糖蜜，台灣人很早就知道以米和糖蜜來做蒸餾酒。

到了日本統治的

一九三〇年代，開始機械化大量生產以蓬萊米蒸餾酒加上糖蜜酒精製成的台灣米酒，依酒精度以顏色分成赤標、金標、銀標，其中赤標米酒（酒精度二十）就是今紅標米酒（酒精度十九・五）的前身。

一九九〇年代以來，台灣的糖九成以上都是進口。今天，台灣種植製糖用的白甘蔗（青皮甘蔗）最大的經濟效用，除了仿沖繩黑糖製成高價的「手工原味黑糖」，大都榨成新鮮甘蔗汁直接喝了，茶飲市場也出現甘蔗檸檬汁、甘蔗烏龍茶、甘蔗綠茶、甘蔗奶茶等，很受歡迎。

生飲都不夠，做什麼蘭姆酒？

虱目魚之二

我買了兩尾虱目魚，一尾送給我媽，一尾普渡自己。

昨天看到兩尾兩百元的虱目魚，非傳統淺坪式而是深水養殖的，一尾兩斤以上，看來新鮮，但一時不大相信如此便宜。

我當然是多問的，果然頭家有點不悅地說：「我的魚會不新鮮嗎？」二話不說，請頭家把每尾對剖再切半。切成四片了，每片還是很大。

鹽醃一下，放冰箱一夜干，今天中午下油鍋煎赤赤，擠檸檬汁，腰瘦好吃！

虱目魚養殖起源於十五世紀

印尼爪哇，印尼文 Bandeng。現在台灣的印尼移工、配偶，很喜歡台灣好吃又便宜的虱目魚。

金針菇

今天試做「煎金針菇」，沒撒麵粉，沒浸蛋汁，一樣煎赤赤，腰瘦好吃。

我說我吃過高檔素食套餐的仿牛排，用猴頭菇煎的，朋友則建議我試試煎金針菇。

我想，或許下次用麻油爆薑後煎金針菇，應該不錯。

金針菇的日文：エ

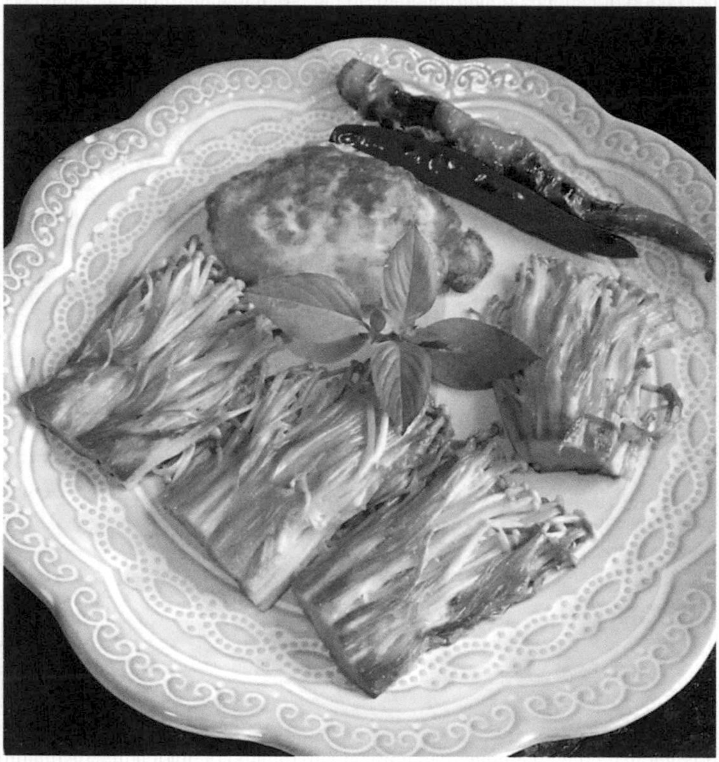

ノキタケ（enokitake），日文漢字「榎茸」。日文「茸」（take）指蘑菇，「榎」（enoki）字從何而來？原來，野生的金針菇常長在朴樹（*Celtis sinensis*）的殘幹上，而日文稱朴樹為「榎」。

日本最早人工栽培金針菇，日本料理也常見エノキタケ，所以英文就跟著稱金針菇為 enokitake。

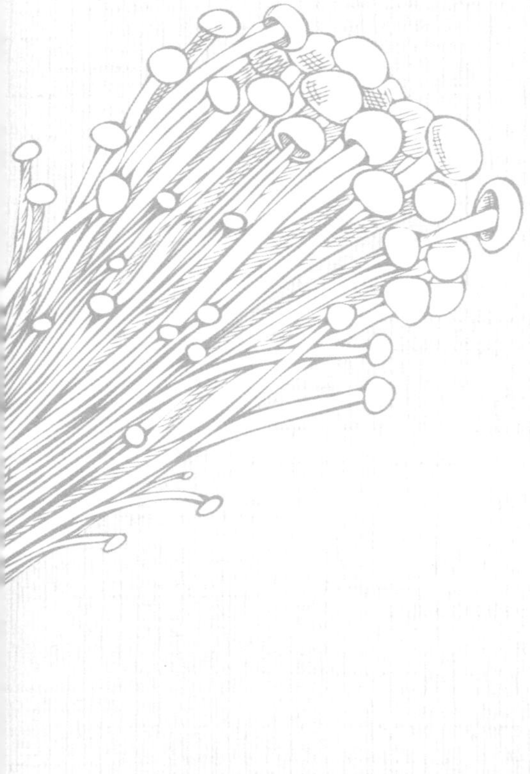

茄子

以前煮茄子都用油炒，今天第一次用蒸的，成功！淋上自調九層塔醬油，無油濃香，正港腰瘦好吃！

台灣早年的茄子都是長條形，所以曾不解為何茄子的英文叫 eggplant？直到在美國看到超大蛋形的茄子才釋疑。

台灣現在有不同形狀和顏色的茄子，我還是喜歡長條紫茄。台語「茄」的俗語，也以其長條形而來。

台語「茄」(kiô)以其長條形用來比喻男性生殖器，相對於蛤蜊台語「蟯」(giô)以其形狀用來比喻女性生殖器，兩者押韻。

有句台語俗諺「三條茄毋值一粒蟯」，這句話表面看來是在講三個男的還不如一個女的，其實暗指女人以身體賺錢比較容易，即早年所稱的妓女「趁食查某」。

台灣端午節的習俗會吃夏季盛產的茄子，有一句吉祥話：「食茄人較鵰越」。「鵰越」(tshio-tiô)指活躍的樣子，雄糾糾、氣昂昂，有輕浮之意，看來與「茄」比喻男性生殖器有關。

金鯧・粉圓

台灣養殖金鯧其實不錯吃，我以冰箱冷藏風乾做成一夜干一半時間的「半夜干」，這樣保持較多水分，煎赤赤，腰瘦好吃。

最近蔬菜很貴，我常買沒漲價的杏鮑菇，撕塊加雞湯煮粥，高纖又營養，配金鯧半夜干剛好。

甜點是路邊攤買回來的古早味純糖水粉圓，加點香蕉油，人生美好。

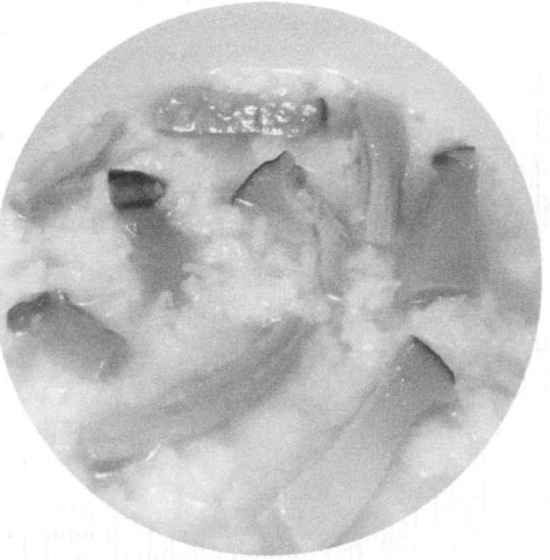

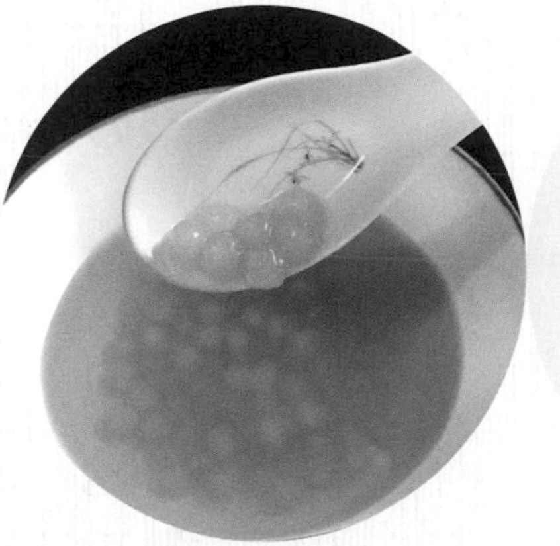

台灣人把野生白鯧吃到身價暴漲，金鯧養殖應運而生。金鯧的台語本名「紅沙」，也名列台灣十大好魚排行榜：「一午二紅沙，三鯧四馬鮫，五鯢六嘉鱲，七赤鯮八馬頭，九春子十烏喉」。但金鯧其實是鰺科鯧鰺屬（*Trachinotus*）魚類，因對鹽度、溫度的適應力很好，在很多國家都養殖成功。

粉圓是在基隆中正路上冬天賣「麵煎粿」的小攤買的，年輕頭家娘傳承外公的四十多年老攤，夏天賣粉圓（還有石花），可加或不加香蕉油。

我跟她說，加香蕉油是古早味，但最早的粉圓很小粒。

她說，她接外公的攤子時，就是覺得粉圓太小粒，喝下去沒有吃到的感覺，故改用大粒而Q的口感。

古早的小粒粉圓，看來源自西谷米的概念。西谷米可說是珍珠奶茶的始祖，我和翁佳音在《吃的台灣史》有寫到。

帕頭仔

我在二〇一八年出版《花飛、花枝、花蠘仔：台灣海產名小考》後，仍繼續隨緣探索台語海產俗名的由來，雖然不一定有答案，但樂在其中。

石首魚科（Sciaenidae）白姑魚屬（*Pennahia*）的魚種，在台灣是常見、美味的中小型魚，台語稱之 phànn-thâu-á，一般寫成「帕頭仔」，但不知命名由來。我最近找到可能的答案，在此與臉友分享，並請指正。

「帕」台語音 phè，指布巾，例如「尿帕仔」（尿布）、「奶帕仔」（胸罩）。魚名帕頭仔的「帕」音 phànn，顯然是諧音借字，來自華語的「帕(ㄆㄚˋ)」（漢語拼音 pà）。

魚名 phànn 的正字，我很快想到台語的「冇」及「有」，「冇」（phànn）指鬆軟、結構不紮實，「有」（tīng）指硬的、堅實的。

台灣的土鳳梨、金鑽鳳梨等，都有「有仔」（tīng-á）、「冇仔」（phànn-á）之分，前者內部較實、水分多；後者內部較空（故手指彈有鼓聲）、水分少（故較甜）。

台語「冇粟」（phànn-tshik）指穀粒不飽滿的稻穀，「冇石仔」（phànn-tsio̍h-á）指內部有氣泡狀孔穴的岩石，古早常用來搓洗鍋子。

以此來看，「帕頭」應該是「冇頭」，果然我在日本時代《臺日大辭典》找到「冇頭」、「冇頭仔魚」詞條，指石首魚。

那麼，如何解釋「冇頭」的魚？顧名思義就是魚的頭骨有空洞？「石首魚」是中國很早就有的用詞，明《閩中海錯疏》（一五九六年）：「石首，頭大尾小，無大小腦中俱有兩小石如玉。」

何謂「頭中有石」？以現代海洋生物學來說，指硬骨魚類頭部內耳的「耳石」（otolith），魚類在成長過程中所形成的碳酸鈣結晶，具有協調肌肉，感受速度、重力、聲音，以及分析頻率、偵測深度的功能。石首魚以擁有特別大的耳石得名，在分類上的中文名是「石首魚科」。

石首魚科種類繁多，各地俗名不同，在分類上一般是大型的鮸魚、中型的黃魚、小型的姑魚。以「姑」為名的小型石首魚，包括叫姑、白姑、黃姑、黑姑（黑鰔）等，以發出「咕咕」叫聲得名，與春季繁殖期間求偶有關。

在台灣一般稱「白姑魚」為「帕頭」，有一種「大頭白姑魚」在台南稱「正帕頭」，其他俗名還有「春子」（黃姑、叫姑、斑鰭白姑）、「加網」（叫姑、白姑、黑姑等）、「三牙」（紅牙鰔、黃金鰭鰔等）。

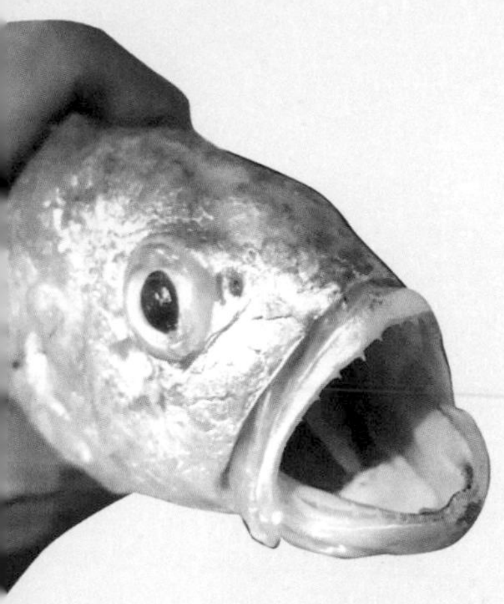

我最近與台南「滿源魚舖」主人劉祖源私訊，提出「帕頭」的正字「冇頭」，是否與石首魚頭骨相對鬆軟有關，其頭骨內是否有空洞？

劉祖源說他不愛吃肉質太細軟、易碎的石首魚，但印象中石首魚頭皮下方、眼睛上面的位置有格子狀的結構，比一般魚明顯，好像「戳戳樂」玩具用紙覆蓋空洞。

今天早上，我特別去逛魚攤，有幸買到白姑魚，頭家用台語說叫 **phànn-thâu-á**，又說叫 **pe̍h-kháu**，即「白口」，指其口腔白色、下半身銀白色，相對於「烏喉」（烏口、黑口、黑鰄）口腔黑色、全身偏黑色。

「冇頭仔」一斤兩百元，我挑了四尾秤重一百五十元，回家煎赤赤，吃時把魚的頭皮掀開，果然看到格狀空洞。

我分兩餐配白飯吃完，腰瘦好吃，特此為記。

＊白姑魚（*Pennahia argentata*）日文稱之「白愚痴」（シログチ，**shiroguchi**），「愚痴」在中文是愚笨，在日文則是抱怨，大概日本人認為此魚發出「咕咕」叫聲是在發牢騷。日文另有「黑

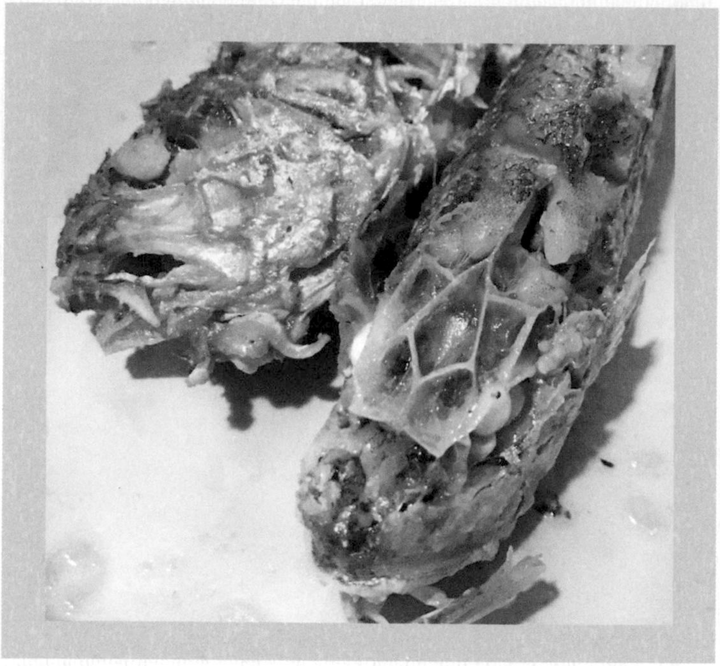

愚痴」、「黃愚痴」魚名。

＊台灣早年大十好魚排行榜：「一午二紅沙，三鯧四馬鮫，五鯢六嘉鱲，七赤鯮八馬頭，九春子十烏喉」，就有三種是石首魚，包括鯢、春子、烏喉。

＊《花飛、花枝、花蠘仔：台灣海產名小考》已於二〇二三年推出增修版《一午二紅沙，三鯧四馬鮫：台灣海產的身世》。

石斑

之前中國突然禁止台灣養殖石斑進口，我希望出口轉內銷成功，台灣人可以吃到比較便宜的石斑。

某天慰勞回國七加七後的朋友去鼻頭阿珠吃鮮魚，店家介紹金錢斑，一兩五十元，最小尾的也有一斤多重，魚頭煮薑絲湯，魚身蒸蔭冬瓜，皮Q肉嫩，腰瘦好吃。吃不完打包，魚湯放冰箱就結凍，可見石斑膠質含量之多。

台灣的養殖石斑，最大型的是龍膽石斑，最常見、最便宜的是龍虎斑，由龍膽石斑與老虎斑雜交而成。

石斑之名由來，大概是這種海水魚口部大、細鱗多，身上有斑點和花紋，喜歡在水底鑽挖石縫。石斑魚種多、顏色雜，體型的差異也很大，常見長一公尺以上、體重

超過一百公斤的大石斑。

石斑的台語俗名，有人稱「郭仔魚」，有人寫「鱖魚」（過魚），都是取其kuè/kè諧音。但此魚不姓郭，有功而無過。台灣的鱸魚、石斑兩種海魚，因肉質軟嫩Q彈，魚皮富含膠質，一般認為食用有助手術傷口癒合，所以早年常見有人煮鱸魚、石斑魚湯去醫院探視開刀的親友。

在台灣清代文獻，石斑稱之「鱖」或「鱠」。東漢《說文解字》只說「鱖」是魚名，清《說文解字注》引用南朝《玉篇》和北宋《廣韻》解釋是「大口細鱗有斑文」的「鱖魚」。

清代台灣方志說：「鱠魚口闊身斑。」「鱠魚，一名鱖魚，身圓而長，皮有斑色，頭微有角，甘而潤，又有脊上帶珠者，謂之珠鱠。」「泥鱠魚，黑色、口闊，大者五、六十斤；珠鱠魚，黑色，身有紅白點；小鱠魚，黑色。」

《澎湖廳志》還說：「鱠魚，一名鱖。俗云：鰱魚頭、鱠魚喉，言柔滑也。」所謂魚喉，就是魚下巴，下巴是石斑魚最常活動的部位，所以特別滑嫩美味。

日本時代的《臺日大辭典》（一九三一年），收錄「鱠仔魚」（kè/kòe-á-hî）一詞。

台語中，「鱠」和「鱖」的發音與「過」一樣，有一種植物「蕨」稱之「蕨貓」（kè/kuè-niau），就常寫成「過貓」。因此，把「過」字加上「魚」邊，就變成了「𩹉」。

結論：「𩹉魚」源自「鱠魚」、「鱖魚」，簡略寫成「過魚」。

鹹蜊仔

安倍先生（安倍さん，Abe san）有很多軼事，今天電視上提到他生前最愛的台灣美食，竟然是醬油生醃的蜆，台語稱之「鹹蜊仔」（kiâm-lâ-á）。

我上網查到蘋果日報（二〇一八年八月三日）有一篇外交部資深日文翻譯蘇定東的人物專訪，他提及有一次安倍先生訪台，外交部在國賓飯店設宴款待，安倍先生在宴會上說想吃「鹹蜊仔」，結果國賓飯店在宴會快結束前端出這道台灣庶民小菜。

我想起十多年前招待一位日本朋友在台北好記擔仔麵吃飯，就是一小盤的「鹹蜊仔」，讓他讚不絕口，我說出很便宜的價格，讓他目瞪口呆。

蜆的日文也稱「蜆」（シジミ，shijimi），台語稱之「蜊仔」（lâ/lâi-á），常聽人講：「一兼二顧，摸蜊仔兼洗褲。」

蛤蜊的日文是「蛤」或「文蛤」（ハマグリ，hamaguri），台語稱之「蚶仔」（ham-á），有人故意寫成「阿媽」。

台語的「蛤仔」（kap-á），或說「田蛤仔」（tshân-kap-á）、「水雞」，指的是青蛙、田蛙。

「蛤」（kap）的音，也用在早年稱宜蘭為「蛤仔難」（kap-á-lān），後來通用「噶瑪蘭」。

「鹹蜊仔」的做法，如何吐沙、去腥？如何以加熱、川燙或冷凍讓蜊仔稍微開口？如何以薑、蒜、辣椒、糖、醬油、米酒、酸梅浸泡入味？每個攤店各有祕訣。我吃過加了檸檬，多了清新氣味，腰瘦好吃。

蚵仔·牡蠣

台灣養殖蚵仔的盛產期在夏天，較大而肥美，趁秋天未來趕快去吃！

基隆新開一家「鮮蚵專賣店」，吸引我年輕者老前來考察，點了蚵仔煎（七十元）、鮮蚵麵線（一百元）、蚵仔酥（一百二十元），蚵仔又大又多，腰瘦好吃。

基隆的蚵仔煎一般只有四、五個蚵仔，賣六十元，這家雖賣七十元，但有十多個蚵仔，醬料也很美味。

取名「黑店」，在火車站附近（按：二〇二四年已歇業），共有十二種鮮蚵料理，用餐環境簡單乾淨，可惜內用外帶都用紙碗紙盤。

蚵仔的華語叫「牡蠣」。「蠣」是什麼？「牡ㄇㄨˇ」指雄性動物，「牝ㄆㄧㄣˋ」指雌性動

物，「蠣」有公母之分嗎？

「蠣」的造字是「虫」旁加「厲」，「厲」在古代是「礪」的本字，在造字上與山石有關，或許就是命名由來。古文獻形容牡蠣：「附石而生，磈礧相連如房，故名蠣房。」「磈礧」就是眾多山石累積的樣子，看來確實很像牡蠣殼層層相疊。

「牡蠣」指公的「蠣」嗎？難道沒有母的叫「牝蠣」嗎？

這也是古人的疑問：「天生萬物皆有牡牝。惟蠣是鹹水結成，塊然不動，陰陽之道，何從而生？」明李時珍《本草綱目》提出解釋：「蛤蚌之屬，皆有胎生、卵生。獨此化生，純雄無雌，故得牡名。」意思是說，因為沒有「牝蠣」，所以稱之「牡蠣」。

從海洋生物學來看，牡蠣雖然有雄有雌，但會由雄轉雌，還有某些物種是雌雄同體。簡單來說，牡蠣雖然看來不動，但會排放精卵，在海水中受精、孵化、發育成幼蟲，之後再附著生長。漁民養殖牡蠣，就是利用牡蠣的空殼，綁成一串，垂掛在海水中，讓小牡蠣附著生長。

在中國，牡蠣一般稱之「海蠣」，廣東話稱之「蠔」。清代台灣方志也稱牡蠣「蠔」，一般記載：「牡蠣，鹽水結成……俗呼為蠔，殼可燒灰。」日本時代的《臺日大辭典》稱牡蠣為「蠔」、「蠔仔」。以此來看，

「蠔」或許在戰後才普遍簡寫成「蚵」。

牡蠣殼是中藥材，也是古早時代的建材。連橫《臺灣通史》：「灰有兩種，日蠔灰，日石灰。沿海之地多種牡蠣，臺人謂之蠔，取其房燒之，色白，用以堊牆造屋，而近山一帶，則掘石煆之，價較廉。」

十七世紀初荷蘭人在台南所建的熱蘭遮城，今天還可看到的外牆遺跡，就是以糖水、糯米汁、蚵殼灰調和成泥，再以紅磚砌成。

台灣在清代就有「蠔殼港」（似在清末才出現「蚵殼港」的寫法）的地名，例如現在基隆西定河及周邊的舊地名就是「蚵殼港」，離這家店不遠。

「蚵殼」顧名思義是有很多蚵殼，但並不是產蚵，而是把蚵殼集中一地燒成蚵灰作為建材，常選在河運便利之處，故稱「蚵殼港」。後來開採石灰礦，燒蚵灰業就沒落了。

鹹酸甜

朋友旅行台南，寄來安平百年老店林永泰興蜜餞行的「塩酸甜」，這種古早生津、利口（引起食欲）的甜品，台語一般寫成「鹹酸甜」（kiâm-sng-tinn）。

外表是傳統的紙盒包裝，內涵卻是現代的技術製造，乾淨、無添加色素，佐以熱茶，腰瘦好吃。其中我最喜歡「草橄欖」（tshó-kan-ná），灰熊腰瘦好吃。

幾年前，我帶北京旅遊團考察台灣文創產業，才知道我們所說的「蜜餞」，他們稱為「果脯」（guǒ fǔ）。我馬上想到清代台灣方志的「鹿脯」（鹿肉乾），覺得「果脯」的用法好直接。

其實，教育部國語辭典也收錄「果脯」一詞，指桃、杏、梨、棗等果類用糖蜜浸漬成之食品的總稱，但未見台灣人使用此詞。

台灣華語常用蜜餞，「餞」一般指以酒食為人送行，蜜餞的用法從何而來？

「蜜餞」指用蜜糖浸漬成的果品，出自「蜜煎」，「煎」除了指煎魚、煎蛋，也有熬煮的意思，例如「煎藥」、「煎茶」。

中國古代醫書《傷寒論》中有「蜜煎導」，「當須自欲大便，宜蜜煎導而通之」，「蜜煎」是導引潤腸通便的藥方。

台語也有「蜜餞」用法，日本時代《臺日大辭典》收錄此詞，音 bit-chiàn，但現今台語都講「鹹酸甜」。

在台語歌中，「鹹酸甜」常用來比喻戀愛的滋味。

台語也有「李仔鹹」（lí-á-kiâm）一詞，本指用李子做的蜜餞，也可泛指蜜餞。

果脯是描述狀態，蜜餞是製作方法，鹹酸甜是形容味道，成為同一種食物的三種用詞。

從左至右：梅仔、番茄、奇異果、菝仔、仙楂、草橄欖、李仔鹹（化應子）。

覆菜・苦瓜

夏天是苦瓜盛產季節，台灣的白玉苦瓜便宜好吃，我喜歡的三種煮法：蔭鳳梨苦瓜雞湯、鹹蛋金沙苦瓜、覆菜苦瓜。

前年，我很幸運託翁佳音的福，獲得關西客家耆老黃卓權贈送正宗、頂級的客家覆菜，裝在金門五十八度高粱酒瓶，暗黃是光陰的色澤。

芥菜依不同時間的日晒、風乾、發酵，依次可以做成鹹菜（酸菜）、覆菜（福菜）、鹹菜乾（梅干菜）。一般家庭自製、選用菜梗（不帶葉子）、裝在瓶子裡的覆菜，最有客家特色。

由於製作過程把容器翻轉，客家語叫「覆」，所以做好的菜稱為「覆菜」，因客家語「覆」、「福」諧音，故稱「福菜」。客家語的覆菜，在台語念成 phak-tshài。

我對這瓶珍貴的覆菜，一直省吃儉用，兩年多來吃不到三分之一，以前都用叉子、筷子挑出，這次挑不出來，有人教我把鐵線衣架折成勾子，總算勾了出來。

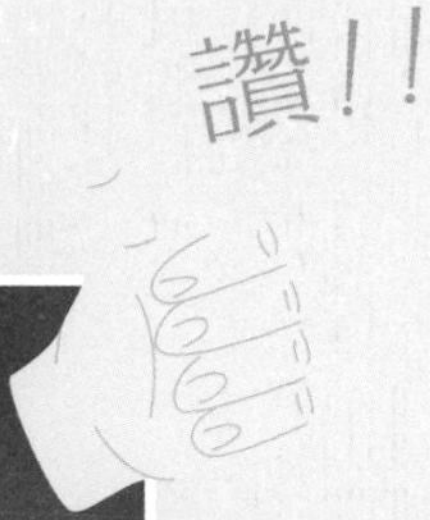
讚!!

我把覆菜切細塊，讓經時間加持的鹹甘，在雞油高湯裡盡情翻放，再放入苦瓜燜煮，能除一切苦，真實不虛。

我小時候不敢吃苦瓜，長大後才慢慢懂得「苦甘」滋味，現在是愈老愈覺腰瘦好吃。

苦是人類舌頭上味蕾所能感受的「五味」（鹹、酸、甜、苦、鮮）之一，本是人生的滋味。

吃苦瓜也提醒佛說的「八苦」，娑婆世界多苦堪忍而已。行深般若波羅蜜多時，照見五蘊皆空，度一切苦厄。依般若波羅蜜多故，心無罣礙。

味噌

翁佳音私訊：記得小時候常被母親叫去雜貨店買「豆醬」，好像有點類似日本「味噌」？若有閒可談一下。

嘿！我就是「食飽傷閒」。

味噌的台語怎麼講？我想多數人會說miso，但這是台語的日語外來語，日文漢字「味噌」，假名みそ，

羅馬字 miso。

其實，台灣在日本時代引進味噌時，台語有相對的名詞「豆醬」（tāu-tsiùnn）。日本時代的《臺日大辭典》，台語「豆醬」對應的日語就是「味噌」。

豆醬與味噌都是大豆發酵製品，但類似而不同。以表面來看，豆醬可見整粒豆子，味噌則已粉碎成泥。今天以「味噌辣椒醬」著稱的基隆乾記行（按：已更名為乾記有限公司），在日本時代就同時製造豆醬與味噌。

豆醬源自中國，台灣清代文獻就記載有專門製造豆醬的「豆醬間」，豆醬可以做菜，也可以煮成「豆醬湯」。

日本人對味噌由來，也有源自中國之說，最早稱之「未醬」，指在大豆未完全發酵變成醬汁之前的狀態，就拿來食用，後來轉成「味噌」。

不過，味噌的材料在大豆、鹽之外還加了米、麥，在工藝、發酵菌種上也有所變化，並在日本各地形成琳琅滿目的流派，造就豐盛的味噌文化。由於味噌的國際化，miso 已被英語辭典收錄。

味噌可加海帶、豆腐、柴魚、魚貝等煮成「味噌汁」（みそしる，misoshiru），在日本是最普遍的湯食，在台灣也廣受歡迎。

日本人善於改良外國食物，創造成日本的飲食傳統。例如：西洋的麵包，化為有內餡的日式甜麵包「菓子パン」（kashipan）。印度的咖哩，化為加入果泥的日式咖哩。韓國的烤架烤肉，化為日式燒肉。中國的湯麵，化為日式拉麵。中國東北的涮羊肉，化為日式火鍋しゃぶしゃぶ（shabu shabu）。中國的「芝麻醬」，化為日式「焙煎胡麻」沙拉醬。

如此，可稱為「創造的傳統飲食文化」。

我研究台灣美食小吃，以前會探索源流，但近年覺得在台灣創造並成為傳統的美食小吃更為重要。台灣多元族群的飲食文化，底蘊深厚，堪稱台灣的軟實力。

粉粿

基隆信義市場有家專賣宜蘭貨的攤店，各種蔬果、粿類等，價格稍貴，可見宜蘭農業的品牌效應。

這一塊不小的粉粿四十元，看來是黃梔子的顏色，附一小包黑糖水，頭家說還調了麥芽。

早上買回家先放冰箱，下午再拿出來切三

分之一試吃，粉粿、糖水品質俱佳，腰瘦好吃。

黃梔子（梔音ㄓ）又稱山梔子、梔子花，台語叫「黃梔仔花」（n̂g-ki-á-hue），其果實可入藥，有清熱瀉火功效，也是天然黃色著色劑，常用在粉粿。

粉粿以番薯粉、木薯粉製成，以黃梔子染色，成為台灣人很喜歡的夏季涼品。

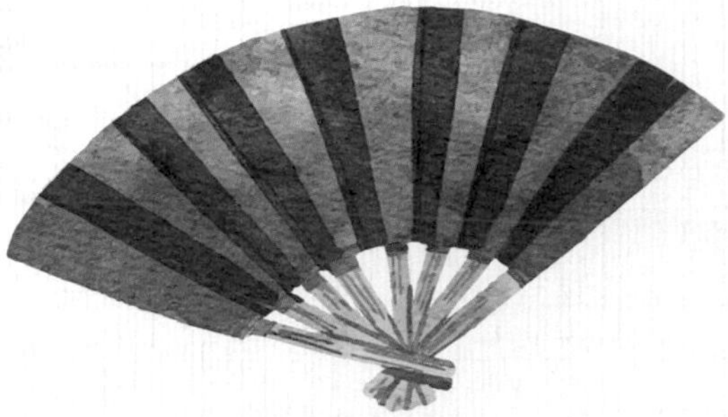

鹼粿

都以「粿」為名，都是黃色，都是甜食，今天終於在菜市場的路邊攤同時看到「粉粿」（右）和「鹼粿」（左），第一個念頭就是買回家比對拍照。

粉粿比較常見，以番薯粉、木薯粉為材料，黃梔子染色製成。

鹼粿我是第一次看到，攤主說是在來米做的。端午節常吃的鹼粽，則是糯米做的。米

類的Q度，糯米＞粳米（蓬來米）＞秈米（在來米）。

米、麵添加少量的鹼（台語音kim），即黃色的鹼水、鹼油或鹼粉，使其與澱粉、蛋白質產生作用，可增加Q彈口感，並減緩酸敗。台灣早年即有燃燒草木以取鹼「燒鹼」（sio-kim）的行業，先民把「鹼」寫成了「㸃」，至今還有「燒㸃寮」、「老㸃寮」、「㸃仔寮」、「㸃仔坪」、「㸃寮坪」等舊地名。

粉粿鮮黃軟Q，鹼粿有粿條的口感和味道，沾砂糖、麥芽糖混合的糖汁，兩者皆腰瘦好吃。

黃蘿蔔

我走過菜市場，路邊攤賣醃菜的婦人向我推銷，我一眼看到鮮黃的 takuan，真是久違了！

問她是不是用黃梔子醃的？她說她用薑黃和甘草，一斤一百元，我挑了一根，秤重六十五元。

這根大根雖然醃了瘦成小根，還是不小，我看夠配兩百碗滷肉飯，吃的是懷舊。

回家炒了自製的青江菜雪裡紅，鋪在白飯上，再放幾片 takuan，增添姿色，腰瘦好吃。

台灣的滷肉飯（肉燥飯）、焢肉飯、雞肉飯、米糕等，以前都會放幾片爽口開胃的醃黃蘿蔔，台語稱之 takuan，其實是日文たくあん，日文漢字「沢庵」（沢是澤的簡體字），「沢」音たく（taku），「庵」音あん（an）。

takuan的全稱是「沢庵漬け」（takuan-zuke），據傳是日本江戶時代初期臨濟宗大德寺高僧沢庵宗彭（一五七三～一六四六年）所創，有小說虛構沢庵大師是日本劍聖宮本武藏的啟蒙師父。

takuan傳統做法是以鹽、米糠醃漬大根（白蘿蔔），後來的做法以鹽、糖、醋醃漬大根，並以薑黃或黃梔子染色，也有使用食用黃色素染色。

在台灣，takuan鮮黃的顏色，甜、酸、脆的口感，搭配滷肉飯極佳，我稱之「國飯的配角」。

takuan後來在很多攤店消失，因為有人說不想吃化學色素染黃的蘿蔔，甚至夾了丟到地上，造成店家困擾，最後乾脆不放。

然而，大多數人還是喜歡takuan吧！建議店家使用天然染色的醃黃蘿蔔，並貼告示強調，或許生意會更好！

火雞肉飯

農曆七月在家普渡自己，台灣國飯「滷肉飯」、「雞肉飯」都煮來吃，腰瘦好吃，我自普自嗨也飄飄然。

北台灣的滷肉飯，南台灣的肉燥飯，我都愛吃。我以全聯的三層肉及鵪鶉蛋煮成，簡單方便。

源自嘉義火雞肉飯的基隆雞絲飯，仍保持白米飯鋪雞肉絲和油蔥酥的原型，但在嘉義已經進化。我以甘蔗雞的皮、脂、肉做成，多了燻味。

火雞肉飯的做法，看來是出於滷肉飯及肉燥飯，我看網路資料，嘉義噴水雞肉飯始祖林添壽原本是賣滷肉飯。

嘉義市政府官網說：「台灣原本沒有養殖火雞，二

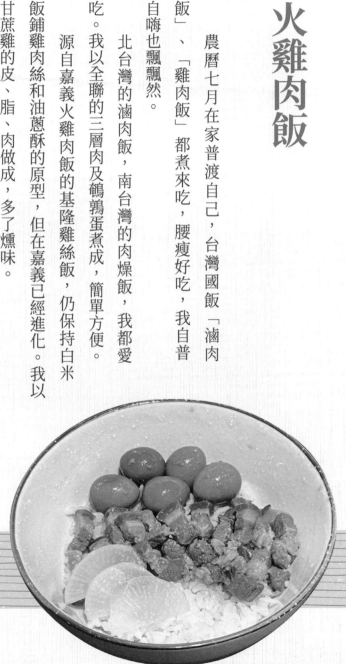

戰後駐台美軍將火雞帶進嘉義，開啟火雞肉飯源頭」，不過此說有誤，台灣在日本時代就有火雞養殖。

我之前在臉書談及一九二三年日本裕仁皇太子（一九二六年即位昭和天皇）前來台灣巡察，有一場「台灣料理」的午宴（取自陳玉箴《台灣菜的文化史：食物消費中的國家體現》）。我看菜單中就有一道「金錢火雞」：豬肉薄切成兩片，均為一錢銅幣大小，中間夾蔥、荸薺及火雞肉，外部裹以蛋汁及麵包粉後油炸。

戰後，台灣也有火雞養殖，在最多美軍駐台的一九五〇至六〇年代期間，每年感恩節期間可提供大量火雞。直到一九八八年台灣開放美國火雞肉進口，台灣火雞養殖受到影響。

＊嘉義火雞肉飯我所知不多，請參閱基隆女婿、嘉義作家鄭順聰的作品《台味飄撇：食好料的所在》。

白帶魚

基隆海域盛產的魚種「白帶」，春夏肉質最佳，雖然比起肥美的「油帶」可說是「瘦閣薄板」(sán koh po̍h-pán)，但清甜美味。

今天早上在菜市場看到白帶閃亮如刀，一尾八十元、二尾一百五十元，我手機一拍就挑了兩尾。

女攤主殺魚，每尾切成五段，腹內還有魚卵。她說頭難看但膠質多，不要丟掉可以煮湯。

回家把魚塊煎赤赤，順便煎個荷包蛋，鋪在台稉九號的白飯上，再放幾片 takuan。另一鍋魚頭魚卵煮味噌湯，撒些蔥花。

這是基隆年輕者老的早午餐，腰瘦好吃。

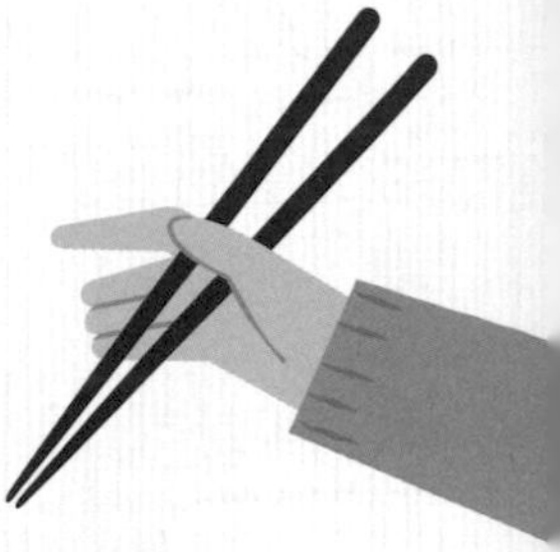

有人把白帶魚的銀白外皮刮掉，說是水銀。其實不是水銀，而是含油脂的細鱗，只能說普林值偏高。

白帶魚凶猛、嘴大、牙利又貪吃，在夜間有趨光性，夜釣很容易上鉤。

白帶魚在日本稱之「太刀魚」（タチウオ，tachiuo），以其身形似銀亮的「太刀」得名。太刀是日本刀的一種，傳統上是騎兵的配刀，刀刃的長度超過六十公分，刀身的彎度較大。

英語也稱白帶魚為 cutlassfish，cutlass 是彎刀。

牡蠣之二

每次去安一五郎海鮮店，可能看見不同的海產，貨源來自崁仔頂漁市。

這大概是我見過最大的帶殼牡蠣了！店主特地放在盤子上讓我拍照，說是馬祖養殖，現在正值產季。

雖然我不是很愛生食牡蠣，但因要在台南漁光島演講「台灣蚵學趣談」，所以一定要嘗鮮，報告心得。

一兩三十元，這個秤重接

近十兩，二百八十元。上菜時，鋪在洋蔥上，靠在檸檬邊，滋味鮮美，腰瘦好吃。

這個價錢，可以叫一盤蚵仔酥，也是腰瘦好吃。

台灣傳統養殖的「葡萄牙牡蠣」（*Crassostrea angulata*），一般稱之「蚵仔」，體型較小，對環境適應力強，但因生長水域生菌數高，故不建議生食。

近年來，台灣進口的帶殼大牡蠣，大都是「太平洋牡蠣」（*Crassostrea gigas*），生長於溫帶海域，體型較大，可以生食，稱之「生蠔」。

馬祖養殖的也是太平洋牡蠣，有如馬祖養殖的淡菜，大而肥美，成為台灣的亮眼海鮮。

豆包

我用醬油、醬油膏，再加點糖，就滷出了簡單的台灣味。

這碗飯的主角不是滷肉、滷蛋，而是占地最大、吸滿滷汁的油炸豆包。

那幾片Takuan，有人說是靈魂。

當然，白飯很重要，我用台稉九號米煮的。

「豆包」這個詞，台灣民間很常用，但我意外在台語和華語辭典都查不到。

台語和華語辭典都有「豆腐皮」，指煮熟的豆漿表面凝結的薄膜，也簡稱「豆皮」，晒乾保存稱之「腐竹」。日文稱之ゆ

ば（yuba），日文漢字「湯葉」、「湯波」。

豆包則是豆皮做的，以方形爐煮豆漿，取出豆皮層層摺疊而成，口感Q彈，可再經過油炸，或者煙燻，非常美味，吃素吃葷者都喜歡。

豆包的料理，可包捲肉餡，或切塊炒菜，或切絲涼拌，腰瘦好吃。

相對於豆腐、豆乾，豆包可冷凍保存。

蒲燒鰻

台北好友介紹台南好友自家養、自家產、自家賣的蒲燒鰻，專門外銷日本等級的白鰻，三尾一公斤，真空冷凍包裝。

我今天早上開箱試吃，果然灰熊強大，看得到厚實的鰻魚肉，腰瘦好吃！我只微波，如果再烤一下會更好吃。

店家教我名古屋焦香烤法，以兩百度高溫烤之。

日文漢字「蒲燒」（かばやき，kabayaki），指把魚對剖、剔骨後，串上竹籤，以醬油與糖為醬汁來燒烤的料理。

最早的蒲燒鰻並未對剖，所以醬烤後的顏色和形狀很像「蒲の穗」，即香蒲紅褐色、圓筒形的花穗，故稱「蒲燒」。「蒲」的訓讀音本來是かま（kama），在此轉成かば（kaba）。

日本料理另有不加醬油的燒烤，稱之「白燒」（しらやき，shirayaki）。

台灣有兩種淡水鰻魚，其中體型較小的是「日本鰻鱺」（*Anguilla japonica*），又稱白鰻、正鰻、日本鰻等，台灣大量養殖外銷日本，大都用來加工製作蒲燒鰻。

另一種體型較大的「花鰻鱺」（*Anguilla marmorata*），又稱鱸鰻、黑鰻、烏耳鰻，在河流中可活十多年以上，最大體長達兩百公分。台灣民間視鱸鰻為補品，常以中藥燉煮，所以後來也發展養殖。

鱸鰻其實是「蘆鰻」的誤寫。台灣清代文獻說：「鰻無鱗甲，白腹，似鱔而大。又溪有蘆鰻，赤黑色」，前者白鰻，後者蘆鰻。又說：「近內山溪澗多蘆鰻，天寒出遊澗邊，食蘆竹心」，指蘆鰻會吃蘆竹的嫩芽，這是此鰻以「蘆」為名的由來。

煙燻腐豆皮

這個用細繩綑捲的煙燻腐豆皮，一個八十元、兩個一百五十元，可以冷凍保存，我放了半年再解凍來吃，依然非常強大。

我以香菜、紅椒涼拌，加了鹽、味精、烏麻油、白胡椒、基隆紙包醋（五香烏醋）調味，腰瘦好吃。

豆皮是泛稱而定義不明，製作過程如下：

大鍋豆漿煮沸，表面蛋白質會凝固成薄膜。第一次撈起的大片薄膜為此鍋豆漿之精華，最營養、滑嫩，稱之豆腐皮，簡稱腐皮，一般晒乾呈金黃色，可以保存。

第一道取得的豆腐皮，日文稱之「湯葉」（ゆば，yuba），在日本料理可當刺身沾醬油、wasabi直接吃，或是煮湯。

撈起第一次的薄膜之後，豆漿表面會再凝固，但薄膜含水量增加、營養遞減，陸續再撈起的薄膜可做成腐竹、豆包等。

台灣市場上常見的便宜豆包，一種生的，一種炸的。

豆腐與豆皮的差異，在於做豆腐要加凝固劑，一般是石膏或鹽滷。

豆乾則是豆腐壓出水分做成的。

柳葉魚

昨晚在野草居食屋吃烤柳葉魚，真的是「腰瘦」又好吃的魚，其魚名由來，我做了小考證，敬請指正。

聚餐的日本作家栖來光，送我一本她最近在日本發表、介紹台灣季節生活文化的新書《台湾りずむ：暮らしを旅する二十四節気》，期待中文版很快問世。

難得與光子一起吃日本料理，對我是學習的機會，因為我很想分辨「日本料理」與在台灣創造的「台式日本料理」。

我一直拍照，不斷問話，但吃的沒有比別人少，這是多年練就的功力。

烤柳葉魚上菜時，光子說「柳葉魚」是日文漢字，源自日文「シシャモ」（shishamo），本是北海道原住民族「アイヌ」（Aynu，中文音譯阿伊努族）的語言。（北海道漁場盛產的鮭魚，日文稱「サケ」（sake），有一種說法也是源自阿伊努族的語言。）

一九一三年，北海道大學教授疋田豐治發布此一新魚種，傳說阿伊努人在捕撈鮭魚時遭遇到困難，向神明祈禱，柳葉就脫落掉下化成了魚。

柳葉魚（*Spirinchus lanceolatus*，英語 **smelt**）產於北海道太平洋沿岸，產量不多，連在日本都不容易吃到。

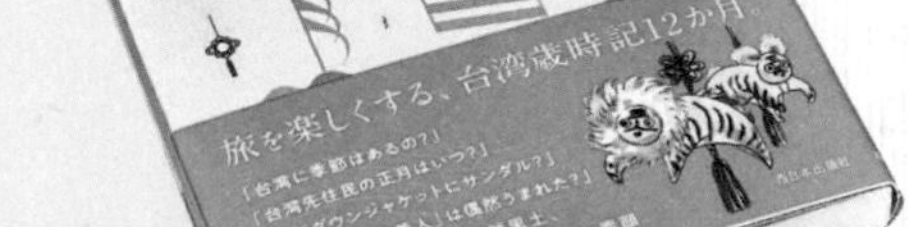

另有一種很像柳葉魚的毛鱗魚（*Mallotus villosus*，英語 capelin），日文稱之「樺太柳葉魚」（カラフトシシャモ，karafutoshishamo）。此魚產於太平洋、大西洋、北極海的寒帶海域，在北海道產於鄂霍次克海沿岸。日文「樺太」、「樺太島」就是庫頁島。

日本與台灣都有從冰島、挪威、加拿大進口篩選帶卵的毛鱗魚，價格比日本柳葉魚便宜很多。

台灣曾音譯「柳葉魚」日文發音 shishamo 為「喜相逢」，但在台灣吃到的大都是日文稱為「樺太柳葉魚」的毛鱗魚，一般習慣仍稱「柳葉魚」。

＊壽司使用的「蝦卵」，以前是飛魚卵染色，後來改用便宜的毛鱗魚卵染色。

鰹魚

以「燻」味串連，我用日本名店茅乃舍的「鰹節出汁」（柴魚高湯）和台灣菜市場的「甘蔗雞」，煮了這碗黃金色澤的湯麵。

青江菜之綠，takuan（沢庵）醃蘿蔔之黃，讓這碗湯麵更加出色。

台語俗稱「煙仔」的鰹魚，日文假名「カツオ」（katsuo），漢字「鰹」。此魚在日本常見做成魚乾，由於非常堅硬，故以「魚」加「堅」命名。

鰹魚營養豐富，但味腥而易腐，做成「鰹節」（かつおぶし，katsuobushi）不但可以保存，而且變得美味，這是日本飲食文化的智慧。（整支未削稱之「鰹節」，削成大片的稱之「削鰹」，較碎的稱之「花鰹」。）

「鰹節」使用鰹魚腹部後方的肉，經由煮熟、燻乾、長霉、晒乾等繁複的過程製成，成為世界上最堅硬的食物，必須刨片才能食用，可撒在菜上增添風味，但大都煮成高湯，被認為是日本料理調味的基礎。

台灣本有傳統的魚乾做法，在日本時代又學會了「柴魚」（鰹節）做法。台灣東海岸「黑潮」洋流盛產鰹魚，台灣在日本時代引進柴魚製造技術，大量生產回銷日本。日本人首先在基隆設立「鰹節工場」，再擴及宜蘭、花蓮、台東及綠島。一九二三年，日本官方還在基隆設立「基隆鰹節試驗工場」，進行柴魚製造的改良。

台灣柴魚在二戰期間開始逐漸減少，一直到戰後，目前只在宜蘭、台東還有柴魚工廠。花蓮新城七星潭聚落閒置的柴魚工廠，在二〇〇三年轉型為「七星柴魚博物館」，以台灣唯一柴魚主題的產業博物館，成為觀光景點。

柴魚已融入台灣的美食小吃，台灣人吃稀飯配蜜汁芝麻柴魚酥，吃皮蛋豆腐撒蔥花、柴魚花，也會使用柴魚高湯做湯底。

台灣的「麵線糊」小吃，也有使用柴魚高湯，有別於一般的豬骨高湯，吃起來清爽甘甜。

差點忘了說腰瘦好吃。

灶跤一二三——夏天怎麼吃？

自製辣椒油

很多麵店自製辣椒油（乾辣椒籽），有的非常好吃，也成為吸引顧客的特點。

辣椒油的辣度因店而異，有的店很辣，還貼了標籤。名店鼎泰豐的辣椒油，顏色鮮紅，但完全不辣。

我心目中的辣椒油是有點辣但不太辣，香而帶甜。我買了一罐市售最貴約一百元的辣椒油，結果大失所望，竟然還有苦味。

於是我決定自製，並想到使用我最愛的韓國辣椒粉，這種辣椒粉是做韓國泡菜用的，紅、香、甜而稍辣。

1、韓國辣椒粉，倒入碗公，等待用熱油淋。

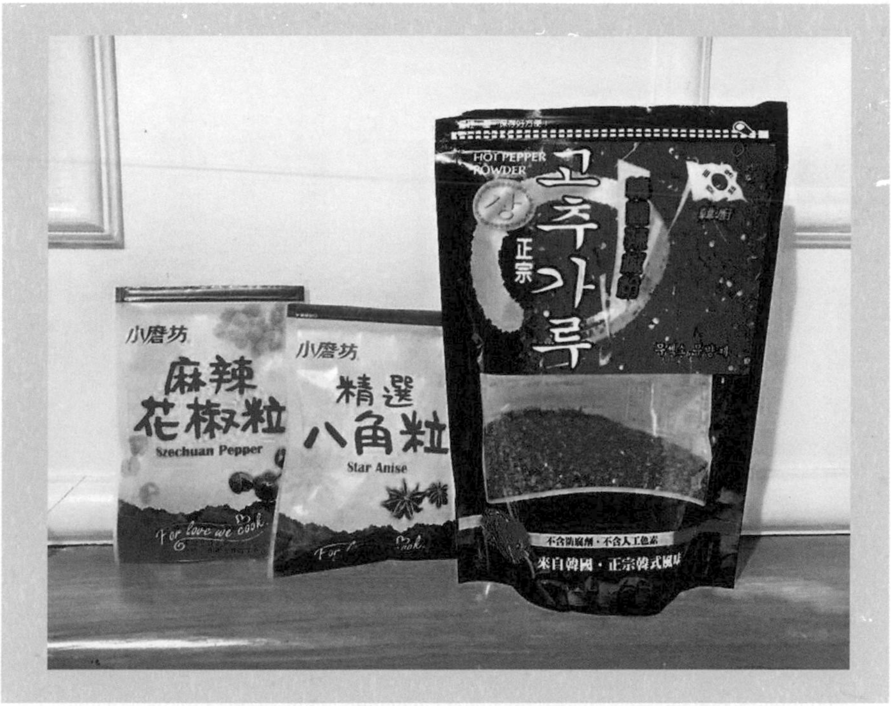

2、葵花油慢慢燒熱，加入花椒、八角。

3、我想提升辣度，所以把幾根朝天椒切碎，加到熱油中。

4、等油滾，馬上隔著濾網倒入碗公，辣粉淋油而不焦。

5、攪拌辣椒油，加點鹽和味精，放涼後裝罐。結論：腰瘦好吃！完勝鼎泰豐。

＊韓國辣椒粉、八角、花椒，全聯有賣。

青酪梨的吃法

聽說酪梨品種不同，有的不會從綠變褐，所以我昨天是綠皮就切，結果未熟。

未熟的酪梨略有苦味，不適合沾醬油吃，我昨天試以油煎撒鹽吃，味道不錯。

今天才看到有顆酪梨變色了，所以這種變色酪梨才是市場主流。

但未熟的總要吃掉。我想到木瓜、青木瓜的概念，酪梨、青酪梨應該也一樣吧！

於是，青酪梨切片，以鹽稍醃軟，加入魚露、九層塔、檸檬汁涼拌，油滑香脆，南洋風味，腰瘦好吃！（檸檬汁是絕配）

另一半青酪梨就切塊，煮了韓式牛肉湯，想不到青酪梨煮軟也不大變色，腰瘦好吃！

《低醣酪梨食譜》書中以精美圖片呈現多種酪梨料理，強調低醣生酮的飲食方

法。酪梨營養豐富，雖有大量脂肪，卻是含有不飽和脂肪酸的優質脂肪，用來取代一般脂肪，加上少吃澱粉、甜食，自然減肥成功。

台南人的吃法是酪梨加牛奶、布丁打汁，讓布丁的焦糖增加香甜滋味，這恐不合低醣概念，但我以為好吃才是王道，不要太甜就好，事實上太甜也搶了酪梨香味。

桂竹筍湯

友人相贈自種現採煮過的桂竹筍，我撕條切段，以薑、米酒與雞湯煮之，腰瘦好吃。

想起蘇東坡說「無肉令人瘦，無竹令人俗」，就在煮好的桂竹筍湯上鋪幾塊三層肉，如此有竹有肉，也就不俗不瘦？三層肉是我之前以雞湯燜煮，切片後冷凍，皮Q肉軟，腰瘦好吃。

蘇東坡寫的全文是：「可使食無肉，不可居無竹；無肉令人瘦，無竹令人俗；人瘦尚可肥，俗士不可醫。」他是來到一位僧人的小屋，看到窗外的竹子，我猜他是以「東坡肉」發明人有感而發。

雖然「無竹令人俗」指的是挺拔的竹子，而不是鮮嫩的竹筍，但我覺得，懂得吃筍的人也必不俗。

台灣大概是全球僅見的竹筍天堂，全年產筍，春天的箭筍、桂竹筍，夏秋的綠竹筍、麻竹筍，冬春的孟宗竹筍，各有風味，堪稱台灣人的幸福。

熟成里肌豬排

在全聯看到新產品「熟成里肌豬排」，使用完全貼覆密封，約二百二十克八十八元，切得比一般里肌豬排厚，有點貴又不太貴，所以我就買來試吃。

我就當牛排煎，很快就全熟，肉雖軟但仍帶勁，腰瘦好吃，不像醃嫩肉粉那種軟到痿。

我喜歡這種不沾粉的煎或炸豬排，此豬排如果以醬油微醃再煎或炸，應該很像台北武昌排骨的口感和味道。

「熟成」指在冷藏下讓肉類本身的天然酵素去破壞結締組織，使肉質變得軟嫩。

熟成分成乾、溼式兩種，乾式熟成採風乾，時間長並會減少三分之一重量；溼式熟成則以真空密封包裝，可保持水分。

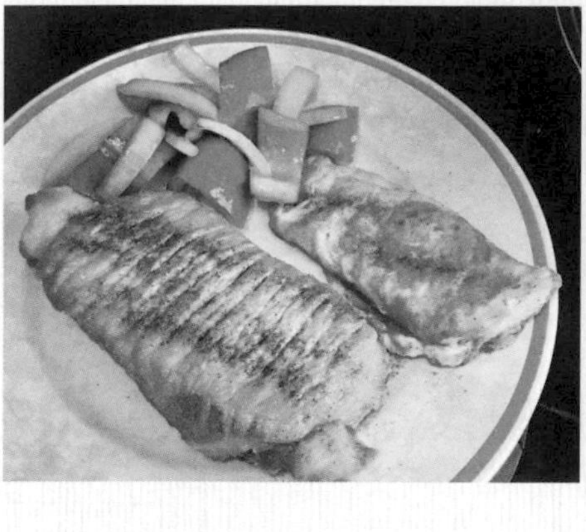

炒飯·米布丁

友人介紹或贈送的美食，我必認真品嘗，並且報告吃後感。

阿拉伯紅海高鹹度海水養殖的藍鑽蝦，冷凍進口的大尾蝦仁，一盒三包三百七十元，一包有三十幾尾，一尾約三·五元，不必挑沙泥，解凍沖一下水即可料理。

我來試做蝦仁蛋炒飯，屬滗炒飯，分兩鍋做。

1、先把蛋炒焦黃，再下飯粒大炒，最後加碎青蔥拌一下即成。

2、蝦仁調味後加蛋白抓幾下，以奶油、洋蔥煎熟，鋪在蛋炒飯上。

如此，三十多尾蝦仁把蛋炒飯蓋好蓋滿，大蝦仁的肉質及口感都好，炒飯腰瘦好吃。

飯後甜點是美女友人自己做的米布丁，還附焦糖漿、核桃仁，包裝極好，有如購自名店。

我第一次聽到米布丁，很特別的歐洲米食甜點，不只美味，還有細嚼米粒的口感。

三層肉揾醬油

樂遊人CEO伉儷來訪基隆，送我一瓶「濁水琥珀」手工柴燒黑豆醬油，這是雲林西螺「玉鼎興」第三代新創品牌「御鼎興」的產品，以「醬油跟酒一樣愈久愈甘醇」為概念，醬油名也像美酒名。

為了禮敬尊貴的醬油，我必須配以頂級的白切肉。在此公告我「煠」（sa̍h）三層肉的做法：

1、黑毛豬（無腥味）三層肉，放在冷水中以小火加溫去血水，水熱（不要煮滾）後洗淨。

2、以雞高湯用中火煮三層肉，煮滾十分鐘，關火再燜半小時。

3、等肉在湯中涼了再拿出來切，這是「分子料理」的原理，肉熱時會排出肉汁，等冷了會吸回肉汁。

如此，以無敵肉「揾」（ùn）超級醬油，配宜蘭當季越光米飯，腰瘦好吃！

西螺醬油名氣很大，三大品牌常見的品牌「瑞春」、「丸莊」、「大同」，我沒買過，都是雲林的朋友送的。

二〇一八年季季來基隆考察海鮮文學，送我一瓶她常吃的「將軍」牌，這是不做廣告的西螺醬油，竟然也是極品，香醇而不太鹹，可直接「淋」（lâm）到飯上吃。

醬油一般使用黃豆製造，唯台灣中南部以黑豆（也是一種大豆）做醬油，稱之「蔭油」。

台語「蔭」（ìm）有遮蔽的意思，黑豆放在陶缸內長期釀造的過程就叫「蔭」。豆豉台語稱之「蔭豉仔」（ìm-sīnn-á），醬瓜台語稱之「蔭瓜仔」（ìm-kue-á）。

西瓜綿虱目魚湯

今天收到台南親家寄來的居家防疫物資，讓我大開眼界。

1、台南將軍生產的虱目魚，不是無刺魚肚，而是整尾無刺。

2、台南的西瓜綿（鹽漬疏果的小西瓜）。

於是，我依指示煮了，人生第一次吃台南風味的「西瓜綿虱目魚湯」，果然名不虛傳，正港灰熊腰瘦好吃！

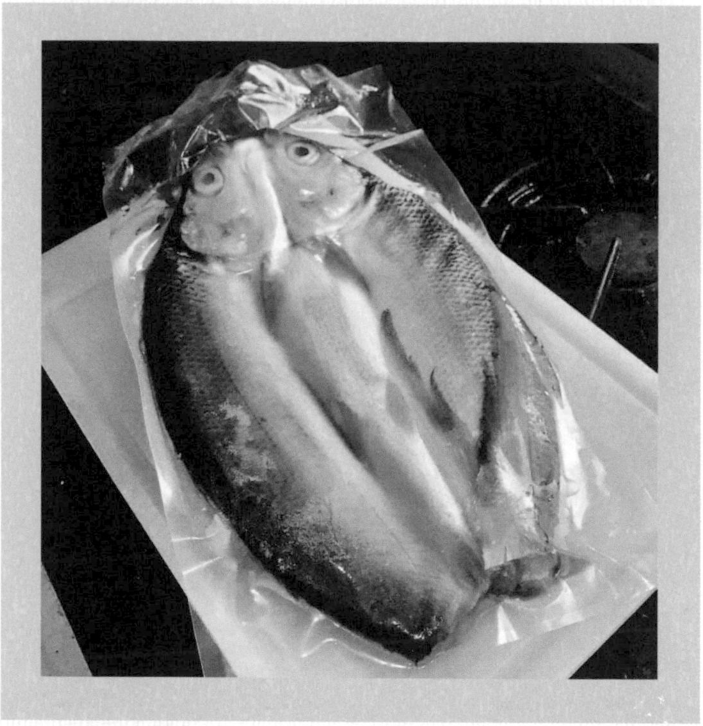

西瓜綿可以切薄片，先煮出酸味，再下虱目魚煮熟即可，不要把魚肉煮老。魚湯微酸而鮮美，那是溫柔的酸，像失戀一夜隔天復合，又酸得回甘。

台南產地冷凍直送的虱目魚，竟然比我在基隆市場魚攤買的新鮮。

一般人愛吃無刺虱目魚肚，但我認為把魚肚切下再去刺會流失魚汁，所以我喜歡買整尾的虱目魚。

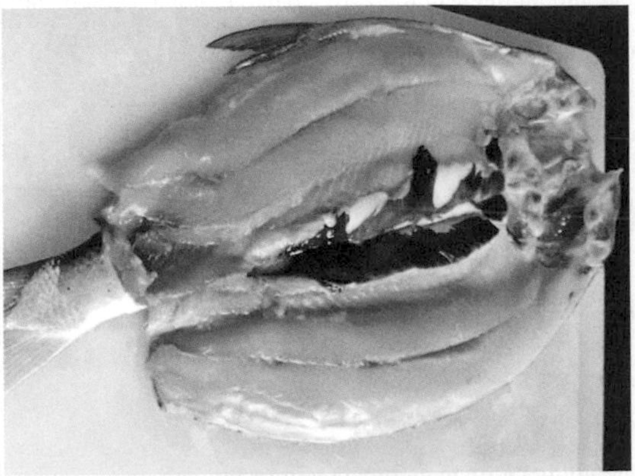

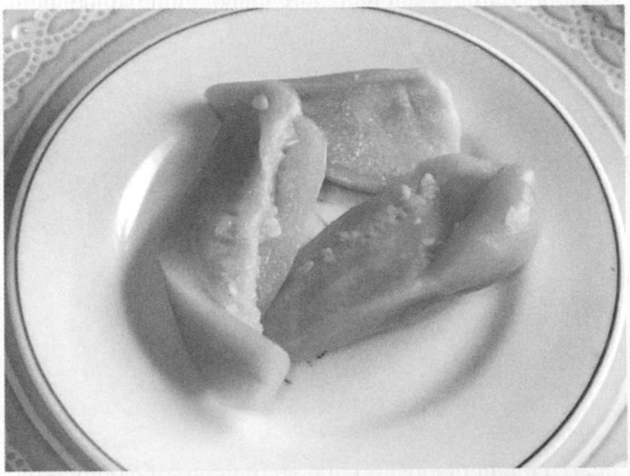

煎豬排

今天本土十七例，自五月中疫情爆發單日最高五百三十五例以來最低，基隆十多天來只有幾天＋1大都＋0，我以煎豬排慶祝。（按：二〇二一年七月十四日撰文）

全聯買的兩塊打折豬排五十元，抹鹽、撒胡椒，裹粉煎赤赤，剩油再煎馬鈴薯，就是灰熊腰瘦好吃的豬排餐。

嘿！大家能夠吃台灣豬肉，別忘了台灣成功擋住二〇一八年中國爆發的非洲豬瘟。

根據世界動物衛生組織（ＯＩＥ，二〇二三年縮寫改為ＷＯＡＨ）通報的非洲豬瘟疫情，目前亞洲已有中國、蒙古、越南、柬埔寨、北韓、寮國、緬甸、菲律賓、南韓、東帝汶、印尼、印度、馬來西亞、不丹等十四國淪陷。

小磨坊

炒茄子

最近蔬菜很貴，看到茄子不錯，四條才五十元，夏天是茄子季節，買了。

前幾天吃甕仔雞，留下燻香雞油，正好用來煮茄子，加了蒜頭、辣椒，再去院子盒栽剪了九層塔，先炒再燜，配宜蘭越光米，灰熊腰瘦好吃。

近年台灣茄子品種很多，形狀有長條形、橢圓形、圓形、梨形等，顏色則有紫色、紫黑色、淡綠色、白色等，但一般還是習慣吃長茄，聽說維生素含量也最高。

中醫說茄子味甘性涼，有清熱活血之效，其清熱不是清涼可口，而是從體內排除暑氣淤積之熱。

吃茄子的台語吉祥話說：「食茄人較鵰趒（tshio-tiô）」，就是說吃了會很有活力。

台灣在兩個月內壓低疫情，打疫苗覆蓋率從百分之一到二十，看來七月底可超越百分之三十，今天又宣布國產疫苗成功（按：二〇二一年七月十九日撰文），這就是台灣展現的活力！

雙奶海鮮湯

台灣夏季盛產蚵仔、虱目魚，昨天下午在漁行買了鮮蚵、虱目魚皮，今天早上合煮了湯，加乘的蛋白質，增添一天的活力。

蚵仔富含蛋白質，英文譽之「海中牛奶」（milk of the sea），其脂肪含量低，膽固醇含量也不算高，生吃或煮湯可說是低熱量食物。

虱目魚是高蛋白魚類，英文名字就是「牛奶魚」（milkfish）。虱目魚分割販售，無刺、帶肉的魚皮，軟嫩而多膠質。

我以薑絲煮此「雙奶海鮮湯」，加了米酒，撒上蔥花，再放幾葉九層塔，色香味俱全，灰熊腰瘦好吃。

蒸虱目魚

基隆年輕耆老的幸福，就是想吃就吃、想睡就睡。

今天早上起得太早，看到冷凍庫還剩半截的大虱目魚肚，就蒸來當早餐。

我先微波解凍，鋪上切好的蒜頭、老薑、辣椒，淋了米酒、醬油，以中火蒸之，腰瘦好吃。

記得我小時候，基隆市場的海魚種類甚多而價格便宜，所以基隆人很少吃養殖魚，尤其少吃有刺的虱目魚。

我第一次吃虱目魚是在鄰居家裡，他們從高雄移居基隆，早餐常吃稀飯配以蒜頭、醬油清蒸的虱目魚。他們請我吃過幾次，就成為我的美味記憶。

至今，我家只有我愛吃虱目魚，完全不怕魚

刺，或煮或煎或蒸，我懂得虱目魚的滋味，這是我最不像基隆人的地方。

近年來，國人愈來愈重視「永續海鮮」的觀念，多選購當季、在地、沿近海非瀕臨絕種、體型也夠大的魚種，多吃生態養殖的魚種，就是一種珍惜海洋的方式。

夏天，虱目魚就是最好的選擇之一。

酸菜午魚麵

台南人雖然生活悲慘，但還是很有愛心，上星期六晚上在慶平海產為我餞行，並把剩菜全部打包布施給我帶回基隆，功德無量。

這些菜尾，我吃到今天星期二是第三天了，還可以再吃兩天。大概是農曆七月，我容易覺得餓，所以特別感謝台南朋友的普渡。

今天早上吃剩菜中的午魚，這是中型的野生午魚，稱之「大

午」或「竹午」。台灣古早好魚排行榜：「一午二紅沙，三鯧四馬鮫，五鮸六嘉鱲，七赤鯮八馬頭，九春子十烏喉」，午魚排名第一。

在慶平，大午是頭尾煮湯（加菜頭煮是祕法），中段烘烤，我們八人未能吃完。

我拿出吃剩的中段，取下魚肉，以烤焦的魚骨熬湯，加入切丁的酸菜，煮成酸菜午魚麵，腰瘦好吃。

＊有人留言問，為何一直說南部生活很慘？所以有時反串、反諷要註明。

鹹豬肉竹筍蓋飯

台南菜尾的日子，進入第四天。

鹹豬肉本是台灣庶民的家常菜，拜拜殺豬吃不完的肉，就用鹽、胡椒醃起來，古早怕壞要下重鹹，所以大都清蒸來吃。

想不到鹹豬肉後來成為台菜料理，不會做太鹹，烤好切薄片，沾蒜頭白醋，頗受歡迎。

慶平海產的鹽烤鹹豬肉，豬皮烤到微焦，皮脂肉兼有，口感滋味俱佳。

我把鹹豬肉解凍，用滾水燙一下，看到冰箱裡有一小鍋烏殼綠筍湯。於是，我想到蘇東坡的詩：「可使食無肉，不可居無竹。無肉令人瘦，無竹令人俗。」

我煮了較低熱量的泰國香米，鋪上肉片、筍片，一碗鹹豬肉竹筍蓋飯於焉誕生，腰瘦好吃。

三分鐘餛飩湯

三分鐘內，我就可以煮出一碗加了水煮嫩蛋的餛飩湯。

基隆安瀾橋陳家蔥油餅的生餛飩，肥瘦三比七比例，一包二十五粒，附一小碗以白醬油、榨菜、紫菜、青蔥調合的湯料。

我分成三粒裝冷凍，湯料冷藏可放兩個月。

我想吃的時候，先把熱水倒入小鍋後點火，三粒裝冷凍餛飩微波三十秒，放入鍋裡煮熟。

從鍋中取一些熱水到碗裡，把蛋打進去，微波三十秒，放入鍋裡。

放一些湯料到鍋裡拌勻，即可起鍋。

這種不是以一般豬骨熬成的湯頭，瘦肉比例高的餛飩，在熱湯裡漸熟的嫩蛋，清甜不油膩，腰瘦好吃。

歐吉桑廚房——買菜煮飯工作者閒談

台灣很多香腸

近年來台灣傳統市場的肉攤流行賣高粱酒香腸，價格不貴，如果你想多點酒香，還可客製化，自己帶酒請老闆多加進去灌腸。

我喜歡用高粱酒香腸來做蛋炒飯，把香腸切碎，先爆一些油出來，炒出五香：酒香、肉香、蛋香、蔥香、飯香，灰熊腰瘦好吃。

台灣飲食文化的特色，多元、混融加創意，都灌到香腸裡了。

我們有酒類的高粱酒香腸、紹興酒香腸，水果類的草莓香腸（大湖）、玉荷包香腸（大樹），海產類的飛魚卵香腸、墨魚香腸（基隆），香料類的馬告香腸、桂花香腸（石碇），還有新創的咖啡香腸等。

我們有傳統的煙燻香腸（台語叫煙腸，音 ian-tshiân/tshiâng）、風乾香腸、蒸

熟香腸，還另創了現烤、鮮嫩多汁的生香腸。

我們有一般大小的香腸，還有大到像女人手臂的士林大香腸，小到只比嬰兒雞雞大一點的基隆廟口一口吃香腸，以及長到據說可以跳繩的小琉球香腸。

鐵鍋

最近想買一個好炒的鐵鍋，上網鍵入「鐵鍋」二字後，我的臉書一直出現網購鐵鍋廣告，國內國外的，從幾百到幾千的，大概有一個月時間，但我看了都沒心動。

後來，我在一家炒飯煮麵老店，發現了頭家娘的鐵鍋，看來輕薄好用，我問她：「這種古早鐵鍋，現在很難看到了吧？」

「有賣啊！我一直用這種鐵鍋，壞了就換。」頭家娘說：「這條街上那家老五金雜貨店就有！」

我問一個多少錢？她說兩百多元吧！

結果，我就去買，頭家說是台灣製的老牌子，只強調「會生鏽」。我看是富貴牌鐵鍋，一尺二（約三十六公分）的，二百二十元。

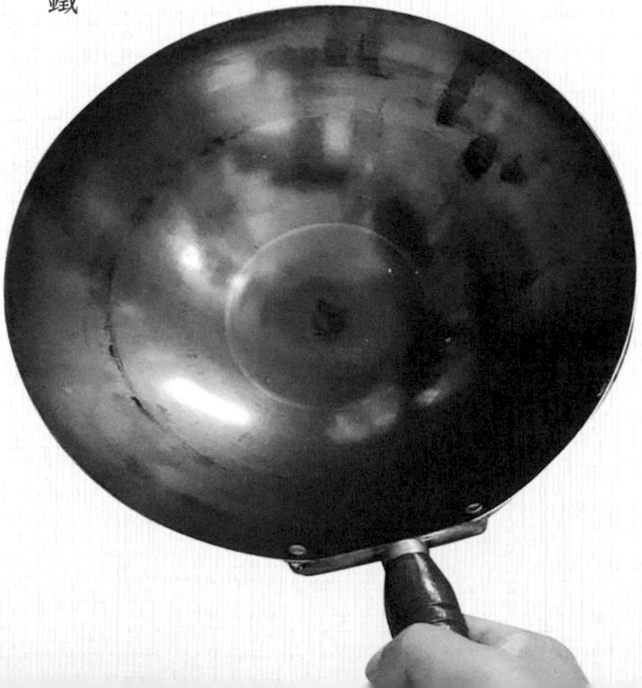

帶回家，依網路教學開鍋後，滿好用的，而且熱油就不沾鍋，洗鍋刷鍋也很方便。

我做了紅燒剝皮魚、糯米椒烘蛋、乾煎虱目魚一夜干等，都腰瘦好吃。

邊吃邊防疫

居家防疫，把剩下的烏殼綠竹筍湯，煮了稀飯，加了水煮蛋、蟹味棒，也是色香味俱全，腰瘦好吃。

一年半來的疫情，看來仍不能太樂觀，疫苗似非萬靈丹。

全球 Covid-19 疫苗接種率最高的以色列，十六歲以上百分之八十的國民都已施打兩劑被認為保護力最好的輝瑞（Pfizer & BNT）疫苗，但最近因印度變種（Delta 株）病毒來襲，六月中還單日確診十例，六月二十四日已增加到兩百多例。

因有國產疫苗而接種率很高的英國，雖然疫情緩和許多，但最近也因印度變種病毒而使單日確診又增加到一萬多

例。同樣是接種率很高的美國，單日確診都上萬例，更擔心來勢洶洶的印度變種病毒。

相形之下，台灣雖然疫苗接種率低，但依靠全民配合阻斷病毒傳播鏈，在沒有封城之下，單日確診並未像其他國家剛爆發時呈幾何級數增加，而是從五月十七日最高的五百三十五例，降到最近幾天已至百例以下，仍在全球防疫模範生之列。

對抗 Covid-19 病毒，看來就是防堵入境、阻止擴大、採購疫苗、研發國產疫苗四種方法並行。台灣在防堵入境、阻止擴大上表現優異，讓國民度過一年三個月正常生活還能發展經濟的日子，這一個多月才經歷其他國家的苦難。

希望台灣疫苗接種率加緊趕上，台灣國產疫苗順利成功，可以像去年捐助口罩一樣幫助其他國家。（按：二〇二一年六月二十六日撰文）

旨味・鮮味

前幾天試做「煎金針菇」，雖然腰瘦好吃，但朋友說我煎錯部位。

哇！原來是煎本來要切掉的部位。我今天再煎，果然像菲力牛排。切開後，看來像大干貝。

傘的部位，我燙一下涼拌泡菜，也是腰瘦好吃。

煎磨菇（茸）很美味，有其學理根據。

人類舌頭上的「味蕾」，所能感受到的「味覺」，在傳統上認為本來只有四種：酸、甜、鹹、苦。辣味並不是只有味蕾才能感受到的味覺，而是身體所有神經感覺的部位都能感受到的痛覺。

一九〇八年，日本東京帝國大學（今東京大學）教授、化學家池田菊苗從昆布中發現「麩胺酸」的獨特美味，命名「うま味」（umami），此一名詞由「うまい」（umai，好吃）與「み」（mi，味）組成，日文漢字「旨味」。

「うま味」被科學家認定是第五種味覺，其日文羅馬字 umami 變成英文，中文

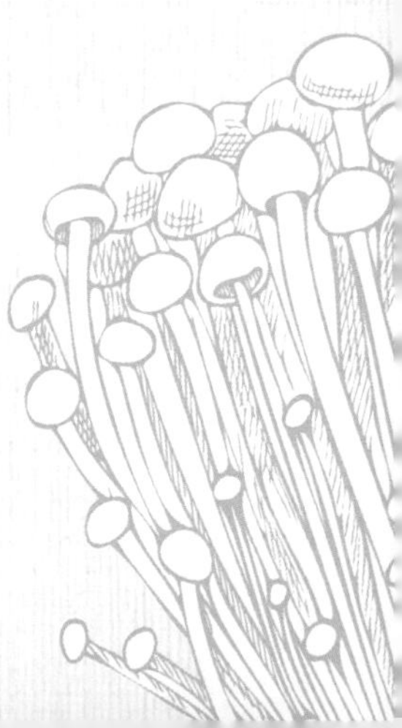

則稱之「鮮味」。

一九一三年，日本化學家小玉新太郎又從「鰹節」（柴魚）中發現一種鮮味物質「肌苷酸」。

一九五七年，日本化學家國中明再從「椎茸」（香菇）中發現一種鮮味物質「鳥苷酸」，並指麩胺酸、肌苷酸、鳥苷酸的結合會產生鮮味的相乘效果。

長大才懂蔭冬瓜

基隆已連續五天＋0，在仁愛市場的醬菜推車（仁四路、愛二路交口），看到「蔭冬瓜」（台語 ìm-tang-kue），買了一塊五十元。

台灣傳統醬菜蔭冬瓜又稱鹹冬瓜，與破布子（phuà-pòo-tsí）一樣，都是以豆醬、鹽、糖等醃漬而成，具有獨特的甘味，常用來蒸魚，我認為勝過近年市售的香港（李錦記）蒸魚豉油（醬油）。

我小時候就吃過蔭冬瓜，「糜」（清粥）的配菜，但覺得很鹹而不大喜歡。一九九〇年代，我吃到觀音山綠竹筍加蔭冬瓜煮的雞湯，才知其妙用。近年，我在鼻頭阿珠餐廳點了名菜蔭冬瓜蒸石斑，灰熊腰瘦好吃。

我煮麻竹筍湯，順便煮一大塊豬肉（白切肉用），加入切碎的蔭冬瓜，鹽和味素就不必了，真是居家防疫的好湯。

海草魚

友人致贈自澎湖冷凍宅配的野生海菜，我以之煮虱目魚頭湯，腰瘦好吃，也順便介紹虱目魚又稱「海草魚」。

台語所稱的「海草」，包括開花的海草及不開花的海藻，某些海藻也被稱為海菜。因種類太多，我也搞不清楚，歡迎讀者指教。

虱目魚可以生長在海水、半鹹水、淡水，屬草食

性魚類，沒有牙齒，以其吞食海草、海藻，在屏東稱之海草魚。

台灣虱目魚最早是淺坪式養殖，陽光可照到魚池底部的藻類，藻類才能生長，提供虱目魚食物，另再補充飼料。虱目魚也常見與蝦、文蛤共養，可幫助清除水中過多的藻類，以維護水質。

後來，虱目魚發展深水式養殖，可提高養殖密度，但水底藻類沒有陽光長不好，所以完全靠餵食飼料，長得相對肥大，近年已成為市場主流。

鰹節出汁

我喜歡日本料理的湯底「鰹節出汁」（柴魚高湯），這是獨特、美味、無油的黃金高湯。

鰹節與昆布含有不同的「旨味」（鮮味），常見一起煮成日本料理的基本湯底，但我獨鍾濃厚的純柴魚高湯。

日本的「練り物」（ねりもの，nerimono），就是主要以魚漿製成的煮物，在台灣稱之「火鍋料」，從日本進口的稱之「日式火鍋料」。

今天的晚餐，我以日本名店「茅乃舍」東京限定的「鰹節出汁」料理包，煮了日本進口

的「練り物」，百分百日本原味，灰熊腰瘦好吃。

我還用基隆丸進（馬路進）味噌辣椒醬當沾料，這則是基隆特有的美味。

鰹節的台語稱之「柴魚」，在中國則稱「鰹魚乾」、「柴魚片」。

我看中國文獻有記載這種食物，稱之「佳蘇魚」，但不明其意。

清嘉慶五年（一八〇〇年）李鼎元《使琉球記》記載，他在琉球時，因連日吃海產而腹瀉，就叫廚師做些清淡的菜，結果廚師拿出「佳蘇魚」。他看此物「長五、六寸許，形如梭、質如枯木……切片如鉋花」，好奇問「佳蘇」之名由來，但沒有答案。

他胡亂猜測：「此品在敝國既多且美，自王官以及貧民皆得食」，有如「家常蔬菜」，簡稱「家蔬」。其實，「佳蘇」就是鰹魚日文カツオ（katsuo）的音譯。

甜蜜蜜鳳梨

「金鑽鳳梨」（台農十七號）產季過後，最近出來「甜蜜蜜鳳梨（台農十六號），一斤三十九元，比金鑽鳳梨貴不少。

我看過果皮還是綠色，頭家說不甜不用錢。

我跟市場攤販的關係建立在信

任，只要得到我的信任，攤主開口推薦，我就會買，也從不殺價。

頭家邊削邊說，如果不甜可以還他。我看果肉並非金黃，但黃到發亮，我一見就歡喜。

他削好後，用刀挑一小塊給我，果然夭壽甜，腰瘦好吃。

甜蜜蜜鳳梨較少栽種，相對於金鑽鳳梨的圓筒形，其為長圓錐形，但果肉纖維

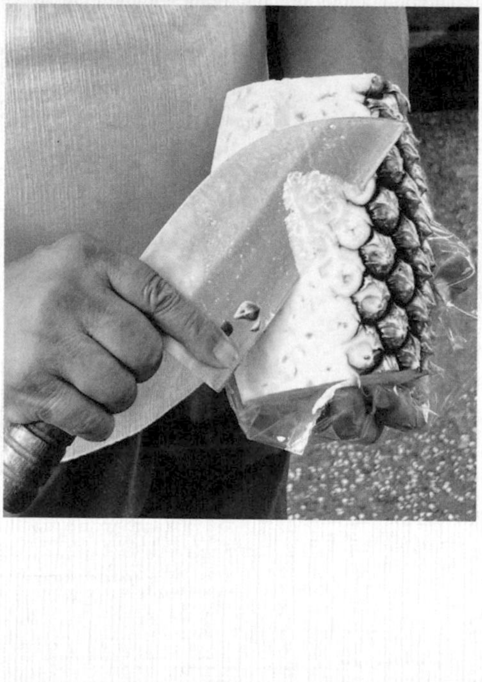

一樣細，果皮也很薄，唯果皮上的果目稍轉黃就可食用。

甜蜜蜜台語「甜粅粅」（tinn-but-but），本用來形容甜點，想不到也能用在鳳梨。

我想起鄧麗君的華語歌〈甜蜜蜜〉（一九七九年），原曲是印尼爪哇島西部萬丹（Banten）的民謠〈Dayung Sampan〉（划舢舨）。

舢舨也寫成舢板，英語辭典收錄Sampan，指中國、東南亞常見在海岸、河流划行的小平底船。

＊臉友留言：台農十六號被稱為有主題曲的鳳梨，鄧麗君唱印尼文版。

https://reurl.cc/Vz2eMQ

＊印尼民謠〈Dayung Sampan〉（划舢舨）的歌詞很有意思：

如果你想找愛人，一定要找漁夫。

如果你想找食物，漁夫就會給你。

寫臉書

我不是美食家，我是喜歡研究台灣歷史的買菜煮飯工作者。

我從不寫業配文，以後也不會寫。

我會在臉書介紹的食物或店家，一是隨緣，一是可以談食物的知識和歷史。比這兩點更重要的，我一定吃過，而且我個

人覺得「腰瘦好吃」！

如果店家對我的臉友比較客氣，或給我的臉友優惠價格，都跟我無關。

我也可能有仇人，報我名字想打折的人，小心被打到骨折。

我寫臉書的主要目的就是隨緣散播善知識，如果發布之後有臉友質疑，例如有環保疑慮等原因，我認同後就會致歉並撤文。

*我寫蒲燒鰻臉文，曹天晴傳來她在東京吃到的名古屋蒲燒鰻照片。我很粗魯，一看就問：那碗蒲燒鰻前面像大便的是什麼？哈哈！答案是限量的烤鰻魚肝，她多花了一千多日幣才吃到。

健康魚油

台南友人冷凍宅配虱目魚肚、西瓜綿，魚肚的鮮美加上西瓜綿的柔酸，果然絕配，灰熊腰瘦好吃。

台南七股海水養殖的大虱目魚，魚肚真的灰熊大，油脂更是天壽厚。

西瓜綿則是台南安平慶平海產的製品，西瓜綿切塊與蒜頭和豬油炒過，煮魚讓湯頭更有香氣而濃郁。

我把湯裡的虱目魚肚塊挾到白飯上，沾生辣椒醬油吃，魚肚非常豪邁，但會不會太油？

其實虱目魚肚的魚油富含Omega-3脂肪酸，也就是不飽和脂肪酸DHA和EPA，DHA可保護視網膜神經細胞及促進腦神經發育，EPA則能降低血脂、減少血栓。

解霉運豬腳麵線

今天下午要去台北大稻埕演講，本來計畫開車停在基隆火車站，先搭火車到松山，再轉捷運到北門，下車走路可到霞海城隍廟。

結果，開車在基隆中正路上被後車追撞，幸好人沒事，但車的後尾板及後車燈被撞壞，車雖可行走卻有噪音。

警察和保險公司人員陸續都到了，肇事方也坦承開

車疏忽，那麼就按規定處理，前往警察局做筆錄。

當下擔心會耽誤演講時間，但想到錢可以解決就是大幸。拿到交通事故當事人登記聯單後，我把車開到鄰近的修車廠，然後叫計程車直達會場，剛好趕上，心平氣和，活動順利。

去程叫基隆大象計程車，司機先生說回程可打七折，所以我回基隆也叫大象計程車，直達家裡，正好煮晚餐。

吃什麼？就解霉運的豬腳麵線吧！我拿出馬祖老酒麵線料理包，再把冷凍的豬蹄膀肉解凍，做個水波蛋，折根蔥段點綴，五分鐘完成，腰瘦好吃。

粽子

我很少注意網路上每年端午節的南北粽大戰，粽有南北，國有南北嗎？何況台灣多族群，不只南北粽。

對我來說，粽子只有三種：好吃、不好吃、不能吃。

以前常聽有人說北部粽只是「竹葉包油飯」的「懶人粽」，最近還有人嘲諷是「3D油飯」，我身為北部最北的基隆年輕耆老，不得不為北部粽講幾句話。

首先，我為油飯抱屈，因為油飯與粽子做法不同。正統油飯是先爆油蔥酥再炒入其他材料與糯米，然後加湯汁煮至收汁，米粒不只飽滿而分明，而且油亮有光澤。

南北粽最基本的差別：南粽把炒好餡料與生糯米包入粽葉（一般是綠色麻竹葉）煮熟，有竹葉香，有的需沾醬；北粽則是先把生糯米、餡料一起爆香炒過，再包入粽葉（一般是土黃色桂竹筍殼，纖維較厚）蒸熟，有竹筍香。因此，北粽相對

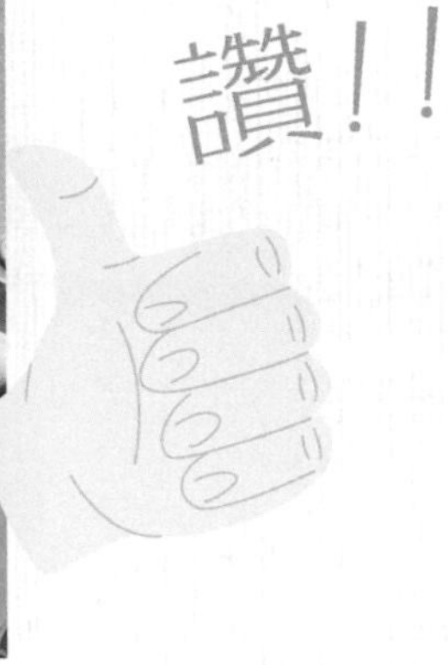

口味較重而耐蒸。

不過，南北粽也有中間地帶。有的北粽會先把生糯米蒸半熟，再與炒好餡料攪拌，讓米粒充分吸收精華湯汁，最後才包入粽葉蒸熟。有的南粽也會把生糯米、餡料先拌抄一下，再包入粽葉煮熟。

今天早上我逛基隆信義市場，看來基隆人對粽子很有包容力，幾個粽子攤都是南北粽通賣，有的北部粽也用麻竹葉。

上圖是我朋友的媽媽做的汐止北部粽，做法繁複：長糯米泡好，先蒸半熟，加料拌炒調味，放涼包入葉，再蒸一回入香氣，誰敢說這是懶人粽？再淋上基隆「丸進」(馬路進)味噌辣椒醬，腰瘦好吃。

寫到這裡有人會問，不是說還有一種不能吃的粽子？喔！那是太大、根本咬不動的中部粽。

中元普渡

中元普渡菜色「腥臊」(tshenn-tshau)，但會有一道沒煮熟的「蕹菜湯」，為什麼？

蕹菜是空心的菜，這是暗示：主人雖然請客，但「無心」留客，請你吃完快走，不送！

為什麼不煮熟呢，也是暗示：我跟你不熟，不要賴著不走啊！

咦？我這是寫給好兄弟看的嗎？那麼我就多說幾句。

如果有人只拜泡麵，又不提供開水，請你不要生氣，故意半夜飄到人家耳邊吹

氣，你就把泡麵帶回陰間吧！

農曆七月，路上餓鬼多，人也覺得餓。鬼有人普，人要自普。

我自普：金龍肉焿麵四十五元、高麗菜捲二十五元，腰瘦好吃。

好食!!

父親節

今天父親節，我中午回父母家聚餐，晚上回家吃自己，都很快樂。

從冷箱拿出自製青江菜雪裡紅炒豬絞肉的剩菜，還有上星期在五郎海鮮打包的幾塊紅糟鰻，燒水下麵，一碗「雪菜紅糟鰻細麵」於焉誕生，腰瘦好吃。

白麵上的綠與紅，讓我想起台語歌〈命運的青紅燈〉，以及台灣政治的「終極綠紅對抗」。

八月八日父親節是中華民國政府訂定，在一九四六年實施，再帶到台灣來。但中共在一九四九年建國後，訂定父親節

與很多國家一樣是六月的第三個星期日。

「爸」不是古漢字，所以東漢《說文解字》沒有收錄。根據北宋官方韻書《集韻》：「爸，必駕切，音霸。吳人呼父曰爸。」一般「吳人」指江浙人。

根據清初字典《正字通》：「夷語稱老者為八八，或巴巴。後人因加父作爸字。」古代中原以「夷」泛稱東方外族。

台語也常稱父親為「爸」（pâ/pē），因台語的「爸」（pē）與華語的「北」諧音，所以台灣華語出現「老北」、「林北」、「靠北」的用詞。

「老北」就是「老爸」（lāu-pē），這是子女對別人稱呼自己的爸爸。

「林北」就是「恁爸」（lín-pē，恁是你的或你們的），這是男子自稱的粗俗用法，可用在生氣或開玩笑時的口頭語，相當於華語的「老子」。

「靠北」就是「哭爸」（khàu-pē），本意是罵人喪父的粗俗用語，也被用作表達糟糕、不滿、遺憾的口頭語。

＊世界各國的父親節日期不一樣，台灣是八月八日，來自「八八」與「爸爸」諧音。

以後吃不到怎麼辦？

形容好吃，我常用俗話「腰瘦好食」，有人教我說「開台第一好食」，但我覺得在修辭上最頂級的是周星馳電影《食神》裡的台詞：「為什麼讓我吃到……如果我以後吃不到怎麼辦？」

這種感嘆，就像久久才能相見的情人，一見面就哭訴要再分開怎麼辦？

我昨天去基隆廟口「研究」四神湯，看到第六十號的什錦春捲（潤餅）老攤，換上了夜市連鎖店「火焰骰子牛」的招牌。我嚇了一跳，跑過去問隔壁攤的金興麻粩，就說潤餅已停賣好久了，難怪我最近幾次下午或晚上來都沒看到開張。

真是遺憾！這家幾十年的老攤，潤餅餡料的味道、形狀和色彩都是一流，紅糟肉更是一絕，我從小吃到大，我女兒曹天晴也最愛吃，但就這樣消失了。

最近，基隆信二路周家豆漿店不再賣餛飩湯，聽說中正路安瀾橋陳家蔥油餅即將頂讓，我在臉書看到很多基隆人唉聲嘆氣，心裡想說的一句話就是：「以後吃不到怎麼辦？」

幾個月前，我一度找不到基隆慶安宮（媽祖宮）廟口的謝家米漿老攤，後來才看到原來因廟方不准再擺攤而搬到對街角落，那天聽到老闆娘的潮州口音，真是歡喜啊！

真正讓人魂牽夢縈的美食，除了味道，還有歷史、文化和鄉愁。

基隆「老廟口」（仁三路段）少了這家有台灣飲食文化代表性的老攤，其實是基隆的損失。

已經不再的基隆廟口潤餅（食夾）kauh。

走！吃美食！——夏季私房口袋名單

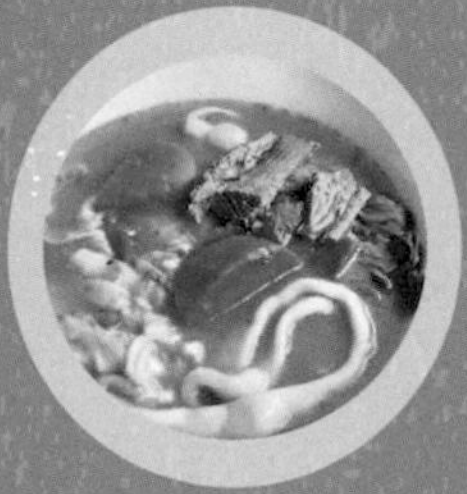

滴水坊極樂麵

我眼睛產生雙重影像的「複視」症狀，眼科和神經科醫師初判可能是腦部小血管栓塞（中風），安排今天早上做MRI（核磁共振成像）檢查。

「好消息，沒有中風！」醫師說，所以可能是左眼的「外旋神經」發炎，先吃消炎的類固醇看看。

我問，發炎是否與常看電腦和手機有關？醫生說沒有關係。所以我想，我可能是看太多香港警察打民眾的新聞畫面。

放下心中石頭，早上沒吃肚子也餓了，就到醫院附近佛光山極樂寺的滴水坊，叫了一碗招牌「極樂麵」，以示心情。

極樂麵是仿紅燒牛肉麵做的素麵，一碗一百一十元，家常麵寬厚，湯頭濃情，還有香菇蒂頭、紅蘿蔔、青江菜、白菜、番茄的菜色，再附一碟酸菜，腰瘦好吃。

基隆最強肉羹

三沙灣金龍肉焿老店，整修後開張，點餐電子化，內用外帶分開，還提供廁所，似乎生意更加興隆，雖然要排隊但不會等太久。

我要先談金龍肉焿的碗公和湯匙，多年來都是使用瓷器，而且是客製的「大同」品牌，小吃店竟有這樣的款待，堪稱罕見。

肉焿的正字是肉羹，羹就是用肉、菜等勾芡煮成的濃湯。肉羹在台灣是很普遍的小吃，我從小在基隆吃肉羹，以為肉羹外層都裹魚漿，直到在外地看到原來還有不裹魚漿、只裹太白粉的肉羹。

肉羹的煮法也有兩種，常見的是把醃好的肉料先燙熟，另做調好味的羹湯，賣時再把燙熟的肉料加入羹湯，這種煮法的湯較清。另一種是把生的、醃好的肉料，沾粉或沾魚漿後，直接一塊一塊放到滾燙的羹湯（台北的大鼎肉羹），這種煮法的湯較濃。

我覺得金龍肉焿勝過基隆廟口肉羹，應該是基隆第一。

金龍肉焿麵（米粉、粿條）一碗才四十五元，記得淋上基隆紙包烏醋，加一小匙「台灣辣妹」頂級生鮮辣椒醬，「腰瘦好吃」喊在心裡就好。

春興水餃

八斗子漁港的春興水餃店，在海邊賣水餃，竟然比賣海產興旺，聽說漁船一買就上千粒，所以平時店裡最多有六個人不停包水餃，應付內用、外帶、宅配的客人。

這家水餃店只有一種韭菜水餃，使用花東的蔥和韭菜，加些韭黃，肉餡飽滿，但皮薄而小粒，內用最少要點十五粒，一粒四．五元。現包韭菜水餃配現煮酸辣湯，腰瘦好吃。

我今天路過，沒時間內用，就

買冷凍的回家煮，水滾下水餃煮五分鐘即可。

基隆頗多水餃店，可能是一九四九年山東移民引進各種麵食。基隆的外省人以山東籍最多，我曾與一位基隆山東人第二代聊天，他說當年逃難，有山東人直接開漁船來基隆和平島。

記得我小時候，家裡附近的第一家豆漿燒餅店、水餃店，都是山東人開的。

曾有人問我，扁食與水餃有何不同？除了內餡，最明顯的是水餃皮厚而大，可以當飯吃，但扁食皮薄又小，一般煮湯。

春興的水餃皮比扁食厚，但比水餃薄太多，煮熟後竟可透視韭菜肉餡，堪稱水餃在台灣與扁食交配的新種。

正濱漁港的水產水餃與八斗子漁港的春興水餃系出同門。

我以前去春興，有一位包水餃的婦人會跟我打招呼，因為她的兒子跟我的小女兒是正濱國中同學，結果我也沒注意她是不是老闆娘？當時我常買冷凍水餃讓我女兒帶去日本。

今天去買水餃，沒有人認識我，我提我小女兒的名字，沒有人知道，哈哈！

五層豬腸湯

外地朋友問起基隆的「五層豬腸湯」，我知道在基隆港西岸六號碼頭，但一直沒去考察，今天早上特別來買外帶。

回家試吃，豬小腸雖然五層，一咬也是斷腸，不同的是嚼勁中有碎裂的快感，薑絲湯頭濃郁，灰熊腰瘦好吃。

一碗三十五元，想一下碗中的腸塊數要乘以五，便宜啊！

當然此腸貴在「厚工」（搞剛），為什麼不是三層、四層？年輕頭家娘說，這是她媽做的，愈多層愈好吃，但塞到第五層已是極限。

我想到山東菜「九轉大腸」，可塞到三、四層。所謂「九轉」，乃比喻煮、炸、燒等繁複過程，有如道家煉丹一般，稱之「九轉金丹」，一次再一次的「三回九轉」。

生魚片街

基隆城市博覽會期間，有人在臉書稱讚「大基隆國」的生魚片，新鮮又便宜，我要加一句：腰瘦好吃。

基隆生魚片相對比台北便宜很多，因為北台灣最大批發漁市在基隆崁仔頂，有很多台北來的買家。

基隆生魚片專賣店大都在鄰近崁仔頂漁市的仁愛市場、成功市場，有些店家本身就是批發商。

最有人氣又最便宜的店在成功市場旁的「生魚片街」（成功一路一一八巷），共有四、五家，成功市場樓上有立體停車場。

我昨天下午四點半帶朋友去，「榮生魚片」大排長龍，就吃隔壁的「海味海產」。

我跟頭家說，只有三人，其中一人吃素，生魚片切小份的就好。頭家說，切兩百元好不好？

結果端來這盤（左），共有十二片（中厚度），旗魚、鮪魚、鮭魚、紅甘各三片。

我看綠竹筍很大很漂亮，點了這盤「涼筍」（右）二百五十元，比生魚片貴。

最後來談一下「大基隆國」，其實這並不是想像的共同體。

「雞籠中元祭」的旗幟寫著「金雞貂石」，指清光緒元年（一八七六年）成立、隸屬於「台北府」的「基隆廳」（雞籠在一八七五年改名基隆）轄區，後來包括基隆堡、石碇堡、金包里堡、三貂堡。日本時代初年的「基隆廳」，還包括部分的「文山堡」。

以「金雞貂石」來說，範圍包括今天的金山、萬里、基隆、汐止、平溪、瑞芳、雙溪、貢寮，最早是北台灣原住民馬賽人（Basai）的活動地區。

碧海樓

中研院台史所翁佳音先生榮退，他是我們二〇一九年「大基隆歷史場景再現整合計畫」之「社寮原住民歷史文化調查研究計畫」團隊成員，今晚大家在基隆皇冠大樓二十九號碧海樓海鮮景觀會館辦桌慶賀。

包廂外基隆港口之美景，餐桌上基隆海鮮之美食，心情愉快，腰瘦好吃，友情無價，人生美好。

熟拼盤：龍蝦沙拉、五味九孔、烤烏魚子。

生拼盤：胭脂蝦、龍尖（笛吹鯛）、旗魚、鮭魚、鯖魚、炙燒干貝。

白斬閹雞（白斬雞之王）。

炒魚翅（水翅）。

烤透抽。

蒸龍尖。

鹽焗對蝦（斑節蝦）。

干貝蒸蛋：炸干貝球與生鮮干貝。

白鯧米粉。

胭脂蝦頭味噌湯：胭脂蝦刺身蝦頭再利用。

水果甜點：西瓜、火龍果、茶凍。

碧海樓包廂風景好，總舖師手藝好，頭家娘和員工服務好，我會再來。

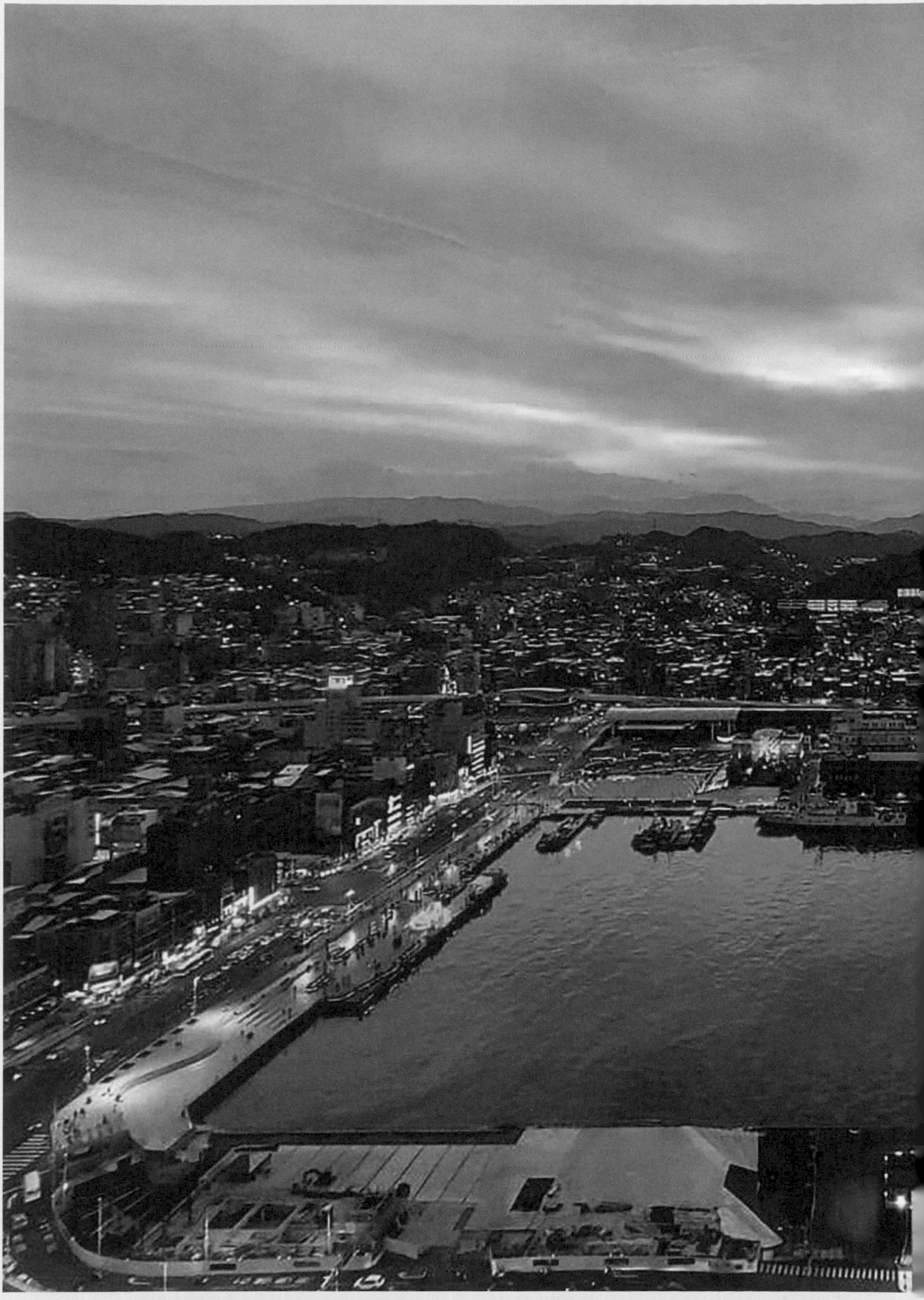

喫。東西 Cucina

今天晚上很榮幸在台北喫。東西 Cucina 享用 East meets West Cuisine 心創無菜單料理（預約制），主人是「北美洲台灣婦女會紐約分會」（NATWA—NY）會長黃司晶。

黃會長在紐約開創「趣味台灣史」視訊講座，邀請台灣史相關作家參加，她這次返台探親，特別分批宴請與會作家，今晚的客人是劉克襄、翁佳音、廖鎮洲和我。

主廚是葉承欽，我們選擇坐在他對面的吧台，他一邊掌廚一邊解釋料

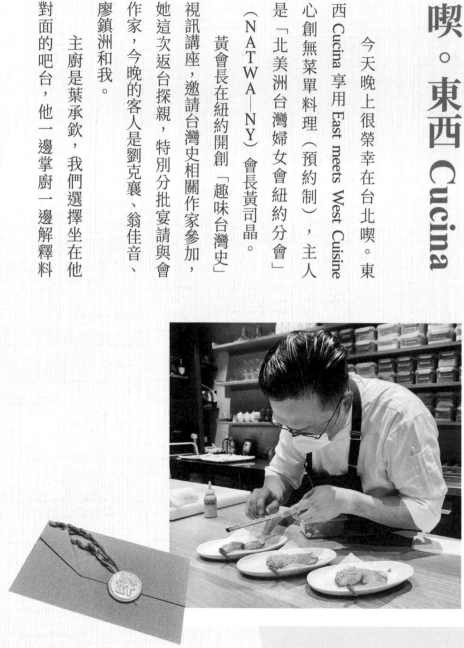

理，東西薈萃，讓人驚豔。

美好從餐桌上每位客人的菜單卡片開始，每一道菜都伴著歡呼，其中有很多台灣元素，包括愛玉、粄條、山粉圓、綠竹筍、紅心芭樂等。

那道現烤麵包的抹醬，看似鵝肝醬，卻是豆豉與奶油的融合，撒上細蔥，腰瘦好吃。

下營鹹蜆仔

台南人雖然生活悲慘，但樂善好施，我剛又收到從台南下營宅配來的「鹹蜊仔」。

我之前寫了一篇醬油生醃蜆的「鹹蜊仔」（kiâm-lâ-á），竟有近三千讚、二百四十分享，可見這是很多人喜歡的美味。

台南朋友看了，就說要寄台南下營沈老大的手作「鹹蜆仔」給我試吃。

我沒去過下營（台語音ē-iânn），但聽到下營就想到同音的「會贏」。

台語地名猜謎有一題：「跋歹筊」（pua̍h-pháinn-kiáu），猜一地名。答案就是「下營」，詐賭就會贏。

另有一題：「拍拚」（phah-piànn），猜一地名。答

案也是「下營」，愛拚才會贏。

我不認識沈老大，他使用的生蜆品質很好，調製的醃汁味道極佳，「江湖一點訣，妻子不可說」，我只能說腰瘦好吃。

*有人留言問，為何一直說南部生活很慘?所以有時反串、反諷要註明。

附錄：台灣豬肉名小考

台灣豬教學

我先解釋一下，里肌一般指大里肌。那麼大里肌與小里肌有何不同？

大里肌：豬背部脊椎兩側各有一條，寬厚，這是豬體最長最大的肌肉，常用來做豬排。

小里肌：大里肌下方、後腰左右各一條，狹長，這是豬幾乎運動不到的部位，肉質很嫩。

英語大里肌 loin，小里肌叫 tenderloin，顧名思義就是嫩的里肌。小里肌的英語也叫 fillet，即菲力。

回到主題，台語小里肌叫「腰內肉」（io-lāi-bah），那麼里肌（大里肌）呢？很多人都說 lòo-suh。台語 lòo-suh 源自日語ロース（rōsu），又源自英語 roast。為什麼大里肌日語的英語外來語不是 loin，而用 roast，烤的意思？

日語字典的解釋：因為里肌部位適合拿來烤。哈哈！雖然怪怪，也只能接受。（歐美的烤里肌是整條烤再切片，不會柴。）

大里肌

小里肌

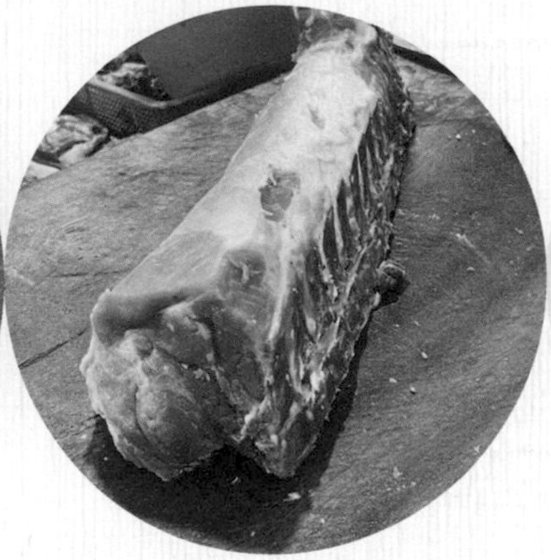

帶骨大里肌

結論：台語 lòo-suh →日語ロース（rōsu）→英語 roast。

里肌也有很少用的台語，叫骿條、骿膫（phiann-liâu）。

如果你去吃日式炸豬排，請注意：

＊ヒレカツ（filet katsu）是菲力炸肉排，也就是小里肌炸肉排。

＊ロースヒレ（loin katsu）是里肌炸肉排，也就是大里肌炸肉排。

カツ（katsu）是カツレツ（katsuretsu）的縮寫，也是英語外來語 cutlet，指肉排、炸肉排。

脫胸與踢胸，兼談脫線

我寫有關台灣飲食的語言、文化、歷史專書，很多朋友說有國際觀又接地氣，原因在於我是好奇又自得其樂的「買菜煮飯工作者」。

豬隻有個部位肉質Q而不肥，適合醬滷，一般人只聽台語名而不知其義，我在網路上看到寫成「太胸」、「太興」、「脫胸」、「踢胸」、「踏興」等。

此一部位在豬的胸部連接前腿（腳）之間，我看有人寫成「脫胸」（thuat-heng），我問基隆兩家肉攤也如此說，我想大概指脫離胸部之處。

「踢胸」（that-heng）一說，我不知道「踢」字的意思？彰化田中蕭平治老師說，「tī 豬前腳後壁所在，豬行路踢 --leh 踢 --leh ê 胸坎肉」（在豬前腳的後面，豬走路會踢一下、踢一下的胸坎肉），很有道理。

以人體來看，這是華語所說的「腋下」，指人體胸腔上部外側與臂膀內側之間的部位，在台灣各地台語有不同名稱，教育部《臺灣閩南語常用詞辭典》收錄了「胳下空」（koh/kueh-ē-khang）、「胳耳空」（kueh-hīnn-khang）、「胳下胴」

(kueh-ē-lang)、「胳胴跤」(kueh-lang-kha)，我在基隆聽到的是最後一種。

一隻豬只有兩塊「脱胸肉」，不是最貴的部位，但耐滷而較不油，如果嫌「三層肉」太油、「胛心肉」太柴、「胛心頭」（梅花肉）太貴，可以買來試試。

我今天早上經過基隆信義市場黑毛豬肉攤，梅花肉一斤二百五十元，「脱胸肉」一斤一百八十元，我三小塊全買共二百五十元。

***

我在日本時代《臺日大辭典》找不到「脱胸」，卻意外看到「脱線」（thoat-soà^n），還標示「國」，表示這是「國語」（日本語）。

我從小看藝名「脱線」的台語諧星演戲，後來才知他本名陳炳楠（一九三三～二〇二二年），退休後在台東鹿野「脱線牧場」養「脱線雞」，故以為「脱線」是台語，不正經的意思。

「脱線」不是中文用詞，所以在中文辭典找不到。

原來「脱線」是日文漢字，假名だっせん（dassen），本意是脱軌，尤其「線」在日本常指鐵道，所以日文「脱線事故」指列車出軌事件。

杜嘉德《廈英大辭典》（一八七三年）沒有「脫線」一詞，但巴克禮《廈英大辭典增補》（一九二三年）就有thoat-soà^{n}一詞，意思是：to go off the rails; to derail，或許源自日文漢字。

不過，日文「脫線」也有講話離題、脫離常規之意，因此影響了台語。根據教育部《臺灣閩南語常用詞辭典》，「脫線」（thuat-suànn）用來罵人個性散漫，做事不積極，如同衣服的縫線脫落一樣。

離緣肉小考

台灣豬肉最貴的兩個部位，一是豬頸肉，現稱「松阪肉」；一是里肌上層的肉，常見寫成「離緣肉」、「二層肉」、「二緣肉」、「僧帽肌」。

先談豬頸肉，位於臉頰連接下巴處，一隻豬只有兩片，一片約六兩重，故稱「六兩肉」。這個部位的肉，肉色較白，有油脂但不肥，吃起來有脆感，被認為是整頭豬中最好吃的肉。

中文有個詞彙「禁臠」（臠是肉的意思），本意是只有皇帝才能吃的肉，指的就是「六兩肉」，也比喻私自享有、不許別人染指的東西。

在日本，豬頸肉稱之「豚トロ」（とんとろ，tontoro），切片後看起來很像有油花的「和牛」。「松阪牛」是日本和牛三大品牌之一，赫赫有名，代表最好的牛肉，台灣人就把豬頸肉文創為「松阪豬」，代表最好的豬肉，後來也稱「松阪肉」。此外，也有以其脆感及透明度稱之「玻璃肉」。

閩南語辭典稱豬頸肉為「糟頭肉」（tsô-thâu-bah），但有指出「糟頭肉」是豬頸上面很多淋巴、施打各種藥劑的部位。

回歸我今天要談豬里肌上層的肉，這個部位比豬頸肉軟嫩，一隻豬也是只有兩片，在「松阪肉」未炒作之前，其實更受台灣人喜歡。台語為什麼叫「離緣肉」(lī-iân-bah)？「離緣」在台語是離婚的意思啊！為什麼叫「二層肉」？與「三層肉」(sam-tsân-bah，五花肉)有什麼關係？「僧帽肌」之名又從何而來？

網路很多稱「離緣肉」，但都沒有解釋。我在 YouTube 看到有台語專家說：這部位的肉太好吃了，夫妻因搶食而鬧離婚。我覺得好笑，但想到有一句台語俚諺：「巴郎好食毋分翁」，「巴郎」(pa-lang)是「藍圓鰺」的俗名，此魚好吃到老婆不肯分給老公吃。

「二層肉」的「二層」(lī-iân)，其「層」的發音與「三層肉」的「層」(tsân)不同，看來是 iân 音的替代字，所以才有同音「二緣肉」的寫法。

台語 iân 也可指層，「一 iân 一 iân」即一層一層的重疊，教育部《臺灣閩南語常用詞辭典》的用字是「沿」，例句：「這項物件你是包幾沿？」問人包了幾層？

以此來看，「二層肉」可寫成「二沿肉」，以免發音與「三層肉」混淆。

「僧帽肌」源自日文漢字「僧帽筋」(筋是肌的舊稱)，即「斜方肌」

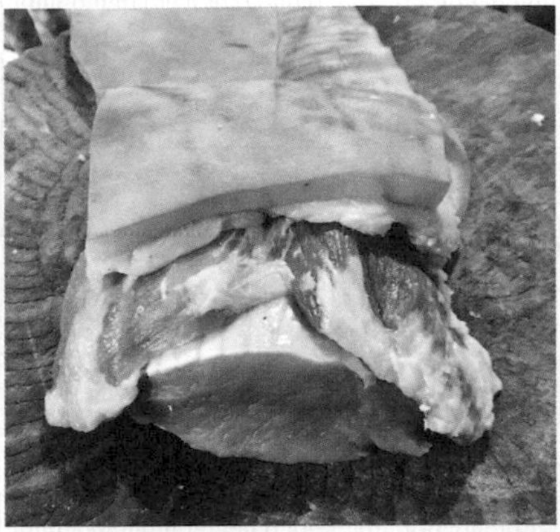

里肌上蓋二沿肉，再蓋豬皮脂。

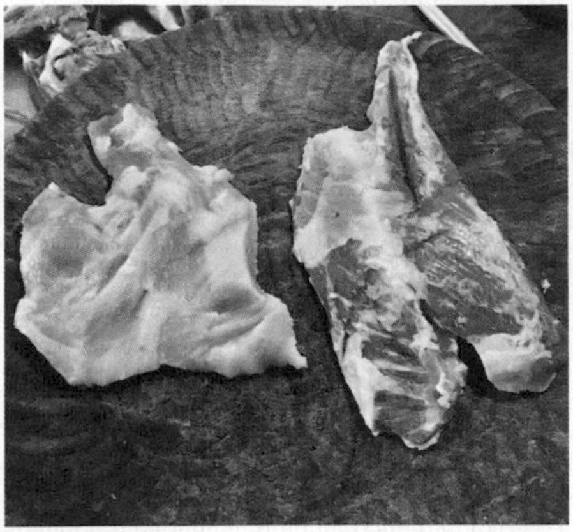

左松阪肉，右二沿肉。

（trapezius），指把頭部與肩部往後拉的背部肌肉，為上背部的表層肌肉，位在豬皮脂與里肌中間薄薄的一層肉，日文以其很像天主教方濟會修士的帽子（修道会の修道士の頭巾）而命名。這種帽子覆蓋頭部與頸部，中文稱「帽兜」、「風帽」。荷蘭文稱斜方肌為monnikskapspier，意思也是形似僧帽的肌肉。

根據以上研究，我推斷正字應該是「二沿肉」，以其位於豬皮脂之下、里肌之上的第二層而得名，與「離緣」（離婚）沒有關係。

今天早上下雨，但我急著求證，專程去找熟悉的安瀾橋豬肉攤婦人。她先挑出「槽頭肉」、「二沿肉」各一塊給我看，然後再拿出一塊里肌、先蓋上「二沿肉」，再蓋上豬皮脂，這樣答案就很清楚了。

三角肉小考

我在臉書介紹「三角肉」，引起熱烈回響，共有近八千讚，所以我再整理並查證，希望跟讀者分享正確而完整的知識。

我先說結論：台語所說的「三角肉」，其實有兩種，除了我介紹的這種豬肉部位，另一種是早年辦喪事請客可能把肉塊切成非方正的三角形，這種喪宴台語俗稱「食三

角肉」。

我從冰箱拿出最大塊的三角肉，解凍蒸好裝盤，再去陽台盆栽採一朵開花的九層塔擺飾，拍照之後，馬上盛飯，腰瘦好吃。

上次菜市場豬砧（豬肉攤）頭家跟我說，三角肉位於腹部（三層肉）的末端（華語有稱臀尖肉），帶皮而不肥，一隻豬只有左右各一小塊。我今天去拍照存證，頭家說這塊肉以呈三角形而得名，但大小不一。

之前有臉友留言，他以「比較解剖學」解釋如下：這個部位應該是腹直肌（rectus abdominis）的最尾端部分，在利用豬做動物實驗的手術切到這個部位，確實皮下脂肪層比較薄，而且沒有構成三層肉的斜肌、內斜肌、橫肌三塊肌肉直接鄰接在一起，獨立一塊肌肉，兩側對稱各一，所以有兩塊。因為往接近肚尾逐漸縮減成尖形，切下來看是三角形。

根據我買豬肉的經驗，一隻豬的兩塊三角肉不足一斤，所以小豬肉攤很少賣，大市場的大豬肉攤才有。

之前台語文老師兼作家蕭平治留言，日本時代《臺日大辭典》有收錄「三角肉」，指「葬式 ê 時 ê 請客」。

我也查了一下，此一詞條並有「食三角肉」的例句。

為什麼喪事宴把豬肉切成三角形？蕭老師說，一般筵席的豬肉講究做成「小封」，都是切成四角形，喪事不比喜事，當然較 tshìn-tshái（清彩）。

在台灣早年，親友參加喪禮「出山」（出殯）之後，都會被留下來吃喪宴。一九六〇年代以後，因喪禮形式逐漸改變，喪宴習俗也就慢慢消失了。

＊戴寶村教授留言：象徵亡者已逝，但活者仍「相佮」（sann-kap）作夥，喪禮過程儀式之一，諧音變作「三角」。

＊《廈英大辭典增補》、《臺日大辭典》都有收錄「三角仔」，指「三角形 ê 有蓋 ê 便宜棺材」，或許棺材的「三角仔」與喪宴的「三角肉」也有關係？

腿庫飯・知高飯小考

基隆一家港式燒臘店新賣「腿庫飯」，我拍了照片。男人在餓的時候，豬大腿比女人大腿還誘人。

回家後，突然想腿庫的「庫」是怎麼來的？在台語和華語都無法與大腿找到關聯。

教育部《臺灣閩南語常用詞辭典》有「腿庫」（thuí-khòo）一詞，釋義蹄膀、豬後肢的上面部位，指的就是豬後腿、豬大腿，但《臺日大辭典》、《廈門音新字典》都未收錄相關詞條。《臺日大辭典》有「腿褲」，指豬、水牛等ê腿ê皮。

台語「庫」（khòo），我很容易想到諧音字「股」（kóo），而股就是大腿啊！所以看來是「股」被錯寫成「庫」，「腿庫」的正字可能就是「腿股」。

中國二十四孝故事就有「割股療親」，《莊子》：「介子推至忠也，自割其股以食文公」，都以自割大腿肉給人吃來顯示大孝至忠。

《新華字典》對「腿股」的解釋就是大腿，《百度百科》還舉《水滸傳》的例

子：「那漢那裡抵當得住，卻待要走，早被李逵腿股上一樸刀，搠翻在地。」

以此來看，腿庫飯的正字可能是腿股飯，但為什麼又稱「知高飯」呢？

我之前認為「知高」來自台語「豬哥」(ti-ko)的雅化，也確有證據。《淡水廳志》記載清乾隆林爽文事件（一七八七年）曾寫到「彰化豬哥莊」，當時彰化包含台中，「豬哥莊」是今台中市南屯區文山里的舊地名，傳說曾有以「牽豬哥」（牽公豬去各村與母豬配種）為業者居住在此而得名。豬哥莊後來改名「知高莊」，《苗栗縣志》（一八九五年出版）記載：「知高莊，在縣治之西南，距城五十八里。」

但我後來想到，台語「豬哥」指公豬（種豬），但知高飯未必使用公豬，而且指豬大腿肉。所以，知高飯的「知高」應該與「豬哥」無關，那麼從何而來呢？

回到腿庫，我發現也有人稱之「腳庫」，台中豐原有一家「廖家腳庫飯」，賣的就是豬大腿肉。

我推測，如果「腳庫」是「豬腳庫」的簡稱，是不是也可能簡稱「豬庫」呢？那麼「豬庫」就是「豬股」，發音就接近「知高」。果真如此，知高飯的正字可能是豬股飯。

順便談一下，「豬股」是日本人的姓，太魯閣國家公園在花蓮縣境有一座「豬股山」，並不是山形像蹄膀，而是在日本時代以花蓮港廳長豬股松之助的姓來命名。

＊腿庫又叫腿包，指豬大腿。豬腳指豬腿以下部位，包括豬蹄和上面的筒狀部分，即豬小腿，台語稱「中箍」（中段），俗稱「四點仔」（四根骨頭的切面）。

＊日本時代《臺日大辭典》收錄「腿褲」一詞，指豬、水牛等鬆弛的腿皮，提供了解釋，豬大腿確實像鬆垮的褲子。

＊焢（khòng）肉飯大都使用「三層肉」（sam-tsân-bah），即五花肉。

ツイコエ　對過。（滬）【對過】。

ツイコオ　腿褲。豚・水牛などの腿の皮。
瘦せて腿の皮が弛む。

ツイコヲ　對稿。原稿と引合はせる。

ツイコン　對講。對話。對談。會話。

美食資訊（依照筆畫排序）

腰瘦好吃（夏限定）台灣文化偵探曹銘宗，帶你吃遍當季好食！

作　　者　曹銘宗
選 書 人　謝宜英
責任主編　李季鴻
編輯協力　吳欣庭
校　　對　林欣瑋
版面構成　劉曜徵
封面設計　児日設計
行銷總監　張瑞芳
行銷主任　段人涵
版權主任　李季鴻
總 編 輯　謝宜英
出 版 者　貓頭鷹出版 OWL PUBLISHING HOUSE

事業群總經理　謝至平
發 行 人　何飛鵬
發　　行　英屬蓋曼群島商家庭傳媒股份有限公司城邦分公司
115 台北市南港區昆陽街 16 號 8 樓
劃撥帳號：19863813／戶名：書虫股份有限公司
城邦讀書花園：www.cite.com.tw／購書服務信箱：service@readingclub.com.tw
購書服務專線：02-25007718～9／24 小時傳真專線：02-25001990～1
香港發行所　城邦（香港）出版集團有限公司／電話：(852)25086231／hkcite@biznetvigator.com
馬新發行所　城邦（馬新）出版集團／電話：603-9056-3833／傳真：603-9057-6622
印 製 廠　中原造像股份有限公司
初　　版　2024 年 6 月
定　　價　新台幣三八〇元／港幣一二七元（紙本書）
新台幣二六六元（電子書）
ISBN　978-986-262-695-5（紙本平裝）／978-986-262-693-1（電子書 EPUB）

讀者意見信箱　owl@cph.com.tw
投稿信箱　owl.book@gmail.com
貓頭鷹臉書　facebook.com/owlpublishing/
【大量採購，請洽專線】(02)2500-1919

本書內容絕無業配，皆為曹銘宗老師真心推薦，請安心閱讀。
本書採用品質穩定的紙張與無毒環保油墨印刷，以利讀者閱讀與典藏。

國家圖書館出版品預行編目 (CIP) 資料

腰瘦好吃（夏限定）台灣文化偵探曹銘宗，帶你吃遍當季好食！/ 曹銘宗著 . -- 初版 . -- 臺北市 : 貓頭鷹出版 : 英屬蓋曼群島商家庭傳媒股份有限公司城邦分公司發行 , 2024.06
面；　公分
ISBN 978-986-262-695-5（平裝）
1.CST: 飲食風俗 2.CST: 臺灣

538.7833　　113005066